U0839589

珍藏本
纪念版

汉译世界学术名著丛书

泛神论要义

或一个著名协会的诵文

〔英〕约翰·托兰德 著

陈启伟 译

2017年·北京

John Toland

PANTHEISTICON

sive

Formula celebrandae Sodalitatis

根据伦敦 1751 年英译本译出

汉译世界学术名著丛书
（120年纪念版·珍藏本）
出 版 说 明

2017年2月11日，商务印书馆迎来120岁的生日。120年前，商务印书馆前贤怀揣文化救国的理想，抱持“昌明教育，开启民智”的使命，立足本土，放眼寰宇，以出版为津梁，沟通中西，为中国、为世界提供最富智慧的思想文化成果。无论世事白云苍狗，潮流左右激荡，甚至战火硝烟弥漫，始终践行学术报国之志，无改初心。

迻译世界各国学术名著，即其一端。早在20世纪初年便出版《原富》《天演论》等影响至今的代表性著作，1950年代后更致力于外国哲学和社会科学经典的译介，及至1980年代，辑为“汉译世界学术名著丛书”，汇涓为流，蔚为大观。丛书自1981年开始出版，历时三十余年，迄今已推出七百种，是我国现代出版史上规模最大、最为重要的学术翻译工程。

丛书所选之书，立场观点不囿于一派，学科领域不限于一门，皆为文明开启以来，各时代、各国家、各民族的思想与文化精粹，代表着人类已经到达过的精神境界。丛书系统译介世界学术经典，引领时代思想，为本土原创学术的发展提供丰富的文化滋养，为推动中国现代学术和现代化进程做出了突出的贡献。

为纪念商务印书馆成立120周年，我们整体推出“汉译世界学术名著丛书”120年纪念版的珍藏本，寄望既利于文化积累，又便于研读查考，同时向长期支持丛书出版的译者、编者和读者致以敬意。

两甲子后的今天，商务印书馆又站在了一个新的历史时间节点上。我们不仅要铭记先辈的身影和足迹，更须让我们的步伐充满新的时代精神。这是商务人代代相传的事业，更是与国家和民族的命运始终紧密相连的事业。我们责无旁贷，必须做好我们这代人的传承与创造，让我们的努力和成果不仅凝聚成民族文化的记忆，还能成为后来人可以接续的事业。唯此，才能不负前贤，无愧来者。

商务印书馆编辑部

2017年10月

中译本序

Pantheisticon 是十七世纪末和十八世纪初英国最著名的自由思想家约翰·托兰德(John Toland,1670—1722)晚年写的最后一部哲学著作。1720 年以拉丁文出版,署名扬奴斯·尢尼乌斯·尧甘内修斯(Janus Junius Eoganesius)。扬奴斯·尤尼乌斯是托兰德受洗时的命名,尧甘内修斯则是取其出生地爱尔兰北部伊斯特穆斯半岛的原名伊尼斯-尧甘(Inis-Eogan)一词造作的拉丁化的姓氏。托兰德死后近三十年,*Pantheisticon* 始被译为英文于 1751 年在伦敦出版。译者未具名,不详其姓字。我们的中译所根据的就是这个英译本。

关于书名 Pantheisticon,国内学术界过去一般都译作“泛神论者”,是不确的。托兰德在此书中描写了一个由泛神论者组成的团体或协会。“泛神论者”一词,他在此书中用的是 Pantheist,而且 Pantheist 这个词在他更早的一部著作《忠实陈述的索齐尼主义》(*Socinianism truly stated*)中就已出现。托兰德在任何地方都不曾将泛神论者又名之曰 Pantheisticon。事实上,Pantheisticon 一词只是作为书名被使用过一次,其真正的涵义可从其副标题得到解释。副标题的拉丁文本原文为:sive formula celebrandae sodalitatis,可译为:“或一个著名协会的诵文。”按照当时书籍出版的习惯，在书名之下往往附有几行提挈全书内容的文字，Pantheisticon 一书也不例外，在其正副标题之下附有一段文字，说明 Pantheisticon 或这个著名协会的 Forrmula“分为三个部分，即 1. 泛神论者(Pantheists)或其兄弟会的道德和公理。2. 他们的上帝和哲学。3. 他们的自由和既不欺人亦不被欺的法。……”这里已再明白不过地告诉我们，Pantheisticon 不是 Pantheists（泛神论者)，而是泛神论者的团体的诵文。这套诵文的三个部分所述皆泛神论者的要言妙道，实即托兰德的哲学、政治、道德、宗教等各方面的观点和主张，因此，我想不妨将 Pantheisticon(泛神论者的诵文)这个书名译作《泛神论要义》。

《泛神论要义》，作为托兰德的搁笔之作，在其思想发展中占有很重要的地位。无论是他自发表《基督教并不神秘》以来一直坚持的启蒙主义、理性主义的自由思想，还是他后来在《致塞伦娜的信》(1704)中提出的一系列唯物主义观点，在这部著作中可以说都有进一步的阐发或发展。

一、自由思想的跃进：宗教批判和政治批判

像十八世纪其他的英国自由思想家一样，托兰德首先是以对宗教迷信和宗教狂热的理性主义批判、倡导宗教宽容和信仰自由而走上思想舞台的。但是他的自由思想在尔后的发展中却超过了(在某些方面甚至大大超过了)与他同时代的那些早期的自由思想家。这突出地表现在如下两个方面：

1. 从宗教迷信的批判到基督教的否定

大家知道，托兰德在其早期作品《基督教并不神秘》中还是站在基督教的立场力图证明福音书中没有任何反理性或超理性的东西，从而把奇迹迷信之类的东西从所谓“真正的”基督教中铲除出去，实际上是要赋予基督教一个新的理性化的形态，或者也可以说是要恢复在他看来本无迷信色彩的原始基督教的理性本质；在《致塞伦娜的信》中托兰德虽然对宗教迷信产生的根源和社会作用有许多深刻的论述，但是仍试图把基督教本身与宗教迷信区别开来，认为真正的基督教是符合理性的，是“旨在改善我们的道德、教导我们以正确的神性观念，因而根除一切迷信思想和迷信活动的组织”，那些“对耶稣基督所要消灭的东西”即各种迷信“加以袒护的人是没有权利称为基督徒的”，他们的迷信思想和迷信活动毋宁说是一种“反基督教主义”，而且“没有什么比它更与基督的学说正相悖逆的了”[①]。因此直至《致塞伦娜的信》，托兰德批判的锋芒主要是针对各种宗教迷信的观念和学说，不曾进而触及基督教信仰本身。在《泛神论要义》中托兰德则不仅以更为高昂的启蒙主义的理性主义精神对任何一种宗教迷信都予以无情的揭露和唾弃，即“在理性的光照下”，“抛弃一切假冒的启示，推翻伪造的奇迹、悖理的秘密、含糊的神谕，揭穿一切欺诈、诡计、谬误、骗局和老婆婆的故事”（本书第28页），而且对古往今来一切传统的宗教即“从先辈得来或由法律强迫信奉的宗教”无不痛斥为“完全是或在某些方面是

---

① 《致塞伦娜的信》，弗罗曼出版社（斯图加特）1964年影印本，第128页。

不道德的、邪恶的、卑污的、残暴的或剥夺人的自由的”（本书第 25 页）。此处虽未明指基督教，但作为西文历史上统治最久、势力最大、影响最深的宗教，它必属这里实际指斥的对象是断无可疑的。正是由于批判已直抵基督教本身，在《泛神论要义》中遂不复发现将基督教与迷信分开而为之做理性辩护的任何言论了。诚然，托兰德在这部著作中也还表示过无意否定宗教本身，他引用西塞罗的话说：“人们不要误解，由于消灭迷信，宗教也要消灭。”（本书第 44 页）他甚至设想泛神论者团体有一个“更宽厚、更纯正、更自由的宗教”（本书第 26 页），但是，可以肯定此所谓宗教绝不是任何一种历史上实有的宗教（包括基督教）之理性化或理想化，而是一种失掉了通常宗教信仰意味的、对于泛神论者所谓上帝实即自然的理性崇拜。

2. 从宗教批判到社会政治批判

据说，托兰德十四岁时就参加过反对国王雅各布二世的起义，而且宣称在四十岁以前要像克伦威尔在英国那样在爱尔兰造成一个伟大的国家变革[①]。但是，直至《泛神论要义》发表之前，托兰德不曾在任何一部著作中明确地表达自己的政治观念和社会理想。这不是说在此前的著作中托兰德不曾有谈及政治之处，例如，在《致塞伦娜的信》中他就指出古代埃及、希腊和其他民族的帝王总是出于其君主统治的利益而把自己的家系神化，揭露了中世纪以

① 参阅德波林：《十七—十八世纪唯物主义史纲》，苏联国家出版社，1929 年版，第 87 页。

来君权和神权的联系，说“有些基督教国王要求的君权神授（the divine right）和奴颜奉承的僧侣为他们要求的无条件的消极服从，如果不是比异教徒的办法更好的一种维持专制暴政的手段，那么其目的和意图则无疑是一样的”[①]。但是，只是在《泛神论要义》中托兰德才不再主要从与宗教的关联上看政治，而是把目光从宗教批判转注于社会政治问题，直接展开政治批判，从而将其自由思想提到了一个新的高度。例如，他把他所假托而实为其自由思想之化身的那个泛神论者团体描写为一批“不盲从任何人的意见，不为教育或习俗所误引，亦不屈从本国的宗教和法律”（本书第6页）的特立独行的人物。他们尊崇理性，“理性是真正的第一法律”（本书第36页），而理性法则的第一要义就是自由，因此，“他们不仅坚决肯定和坚持思想自由，而且坚决肯定和坚持行动自由”（本书第26页）。自由和奴役是不相容的，他们“宁可不统治任何人，也不做任何人的奴隶……有主人支配的生活绝算不上生活”（本书第42页）；自由和特权是势不两立的，所以“他们憎恶一切无法无天的特权，是一切暴君（不论是专制君主、跋扈贵族，还是暴民领袖）的不共戴天的仇敌”（本书第26页）。不难看出，托兰德在这里表达的这种自由概念的真正意蕴乃是对封建等级制下的人格依附关系和封建专制统治的批判和否定。托兰德虽未详细论述他的社会政治理想，但是他以浓笔重墨鲜明地挑出了他的“社会哲学”的最高原则，即以“正确的理性”为“唯一真正的法”，建立一个以这种“既不欺人亦不被欺的法”为基石的法治的社会，而这个法治社会的三大

① 《致塞伦娜的信》，第99，100页。

要素就是：财产、安全、自由。正如托兰德所说的：“没有法律就没有财产，没有安全”，“有了法律我们才有自由”（本书第 42 页）。这种以维护财产、安全和自由为目的的法治精神正是十八世纪资产阶级启蒙运动的社会政治理念的核心所在。托兰德在这里发出了时代的最强音，成为十八世纪初英国自由思想家中最具政治意识，因而也高于他人的杰出人物。

二、从自然神论到泛神论

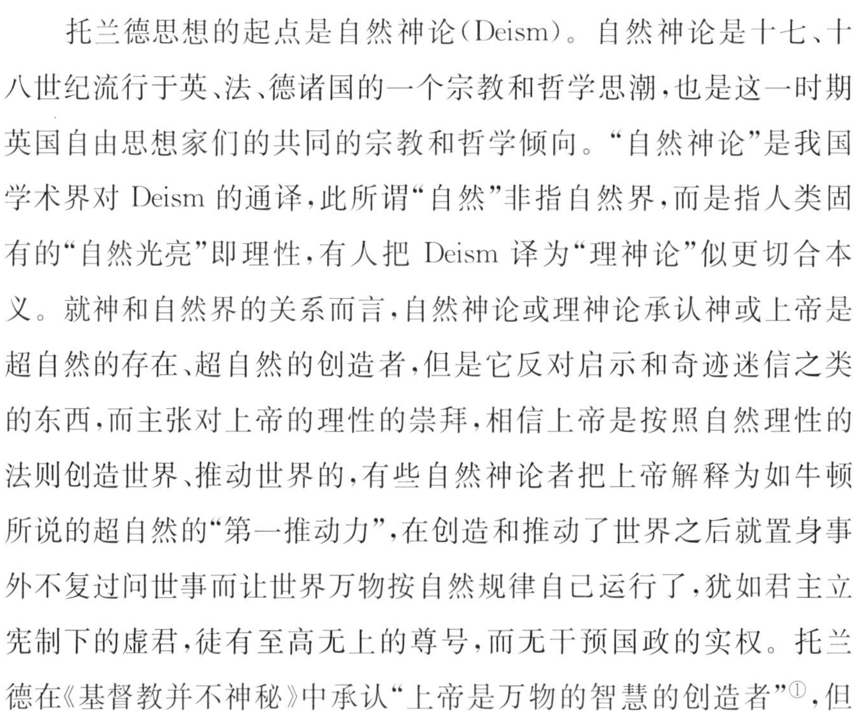

托兰德思想的起点是自然神论（Deism）。自然神论是十七、十八世纪流行于英、法、德诸国的一个宗教和哲学思潮，也是这一时期英国自由思想家们的共同的宗教和哲学倾向。“自然神论”是我国学术界对 Deism 的通译，此所谓“自然”非指自然界，而是指人类固有的“自然光亮”即理性，有人把 Deism 译为“理神论”似更切合本义。就神和自然界的关系而言，自然神论或理神论承认神或上帝是超自然的存在、超自然的创造者，但是它反对启示和奇迹迷信之类的东西，而主张对上帝的理性的崇拜，相信上帝是按照自然理性的法则创造世界、推动世界的，有些自然神论者把上帝解释为如牛顿所说的超自然的“第一推动力”，在创造和推动了世界之后就置身事外不复过问世事而让世界万物按自然规律自己运行了，犹如君主立宪制下的虚君，徒有至高无上的尊号，而无干预国政的实权。托兰德在《基督教并不神秘》中承认“上帝是万物的智慧的创造者”[①]，但

① 《基督教并不神秘》，弗罗曼出版社（斯图加特）1964 年影印本，第 20 页。

是他否认上帝可以随意创造不可能的、自相矛盾的事物(例如,一个既是圆的同时又是方的东西,或者如传统基督教教士所宣传的在圣餐仪式中普通的面包和酒发生所谓“实体转化”而变成主的血和肉,等等),他说:“一切的矛盾实即不可能的同义词,乃是纯粹的虚无”,“认为纯粹的虚无会是上帝能力的对象,是我们不容设想的”[①]。托兰德在这里描绘的显然是一个自然神论的理性化的上帝。有的学者认为,“没有证据表明托兰德曾接受通常所谓自然神论的主要观点,即把上帝看做一个外在的创造者,它创造了世界,使之遵循某些规律,然后就丢下不管了”,因此可以说托兰德“是一个自由思想家而不是一个自然神论者”[②]。这个说法是不能成立的。如上所见,托兰德丝毫也不怀疑上帝是世界的“外在的创造者”,尽管他不像有些自然神论者那样视上帝如有名无实的“虚君”,但是我们不能因此而否认他为自然神论者,正如自然神论的奠基者柴伯利的赫伯特(Herbert of Cherbury)本人也没有这种“虚君”上帝的观念,我们不能因而否认他为自然神论者一样。

现在的问题是:托兰德的自然神论观点究竟持续了多久?过去苏联和我国的学者一般认为托兰德在《致塞伦娜的信》中已超出了自然神论,不承认有超自然的造物主上帝。但是仔细地重读此书,我们发现这个论断未必完全符合实际。托兰德在这部著作中提出了物质具有内在能动性的观点,由此出发似可逻辑地推出对作为世界的外在创造者和推动者的上帝的否定。然而哲学家并不

① 《基督教并不神秘》,弗罗曼出版社(斯图加特)1964 年影印本,第 39 页。

② W. R. Sorley:《1900 年以前的英国哲学史》,剑桥大学出版社 1965 年重印本,第 149 页。

总是处处都按照自己思想的逻辑做出应有的结论。例如,托兰德在一个地方说,承认物质能动的人固然可以是主张物质永恒的人,但也可以是主张物质被创造的人,他们“可以认为上帝最初赋予了物质以广延性也赋予了它以能动性”,也就是说,在托兰德看来,物质具有能动性和物质为上帝所创造这两个逻辑上不相容的观点可以并行不悖,而他本人则力图逃避对物质是被创造的还是永恒的问题做出明确的回答,宣称:“我所要做的只是证明物质必然是广延的亦必然是能动的……至于别人可能提出的关于物质是有起源的还是持久长存的争论,我就不去参与了。”[1]但在另一个地方托兰德却比较明确地回答了这个问题。他说:“上帝有能力把物质创造成既是广延的又是能动的,他能赋予物质这一种属性也能赋予它另一种属性,没有任何理由说他应当赋予物质以前一种属性而不赋予它后一种属性”[2]。有人担心承认物质能动性与承认作为最高智慧或最高精神的上帝之存在难以两全,因为“承认了物质的能动性,似乎就不必要有一个最高的智慧了”[3]。托兰德认为这种担心是多余的,在他看来,物质的能动性乃至物质的无限性与上帝存在并不矛盾,如他所说:“至于物质的无限性,它所排斥的只是一切明白事理、思想健全的人都一定要加以排斥的东西,即一个有广延的有形体的上帝,但它并不否定有一个纯粹的精神或非物质的存在。”[4]由上可见,托兰德在这一时期仍然承认有一个超自然的

① 《致塞伦娜的信》,第 161 页。

② 同上,第 234—235 页。

③ 同上,第 234 页。

④ 同上,第 236 页。

上帝，一个作为物质世界之创造者的上帝，一个作为纯粹精神或最高智慧的上帝。就此而言，他还远未跳出自然神论的圈子。

托兰德的上帝观念发生变化似在1709年左右初露迹象。是年4月莱布尼茨在给托兰德的一封信中指出他“常常谈到一些人的意见，这些人相信，除了世界即物质及其联系之外没有别的上帝或别的永恒存在”，莱布尼茨认为这种看法是“危险的和没有根据的”，因为它否定了超自然的神，而按照他的看法，也是“按照真理”，“上帝是超乎有形的宇宙之上的，是宇宙的创造者和主宰(最高的智慧)”。据莱布尼茨说，托兰德“自己曾表示拒绝上面那种意见”，而且人们也期待他在谈到那种意见时能给以“适当的反驳”，然而托兰德并没有这样做[①]。1710年2月托兰德在给莱布尼茨的回信中也曾表示将在下一封信谈谈“那些相信除宇宙外别无永恒存在的人的泛神论观点”，然而他在随后不久写给莱布尼茨的另一封信中仍未谈及这个问题[②]，显然是以沉默回避对泛神论的批评，这实际上已暗示了他在思想上的一个重大的转向——从自然神论到泛神论的转向。至于造成这个转向的各种因素仍有待深入研究，但是从托兰德这一时期曾翻译布鲁诺的两部著作《论无穷的宇宙与诸世界》和《赶走趾高气扬的野兽》，可以推断布鲁诺的泛神论思想曾给他以极深刻的影响，这种影响在其转向泛神论后写的唯一的一部代表作《泛神论要义》中可以说随处可见，尽管他在那里

---

① 莱布尼茨给托兰德的信(1709年4月30日)，载A. M. 帕特逊：《布鲁诺的无穷的诸世界》，附录A，美国1970年版，第173—177页。

② 托兰德给莱布尼茨的两封信(1710年2月14日，2月？日)，载同上书，第178—190页。

甚至连布鲁诺的名字都没有提到。

自然神论把神或上帝理性化了，但仍然承认上帝的超自然的存在，上帝是超越的（transcendent）。泛神论则否定了神或上帝的超越的存在，把上帝自然化了，上帝即寓于自然之中而与自然相同一，上帝是内在的（immanent）。托兰德在《泛神论要义》中说，泛神论者们"对于上帝和宇宙持一种独特的观点"（本书第6页），就是指上帝和宇宙或自然相同一的这种观点。不过我们要指出，在托兰德那里，这种同一并不是在上帝和宇宙之间简单地划一个等号，宣称上帝即宇宙，宇宙即上帝，而是通过对宇宙自身的分析，将宇宙二重化来建立的。所谓二重化也不是说把宇宙分裂为二，而是指从不同的方面来看同一个宇宙：就其作为全体或总体来看的宇宙和就其涵盖万有、分为无数的部分来看的宇宙。托兰德说，宇宙是无限的，在宇宙中有无限多的世界（我们生活于其间的这个世界只是宇宙的一个微小的部分）和万象纷纭、迁流变化的事物，但是，宇宙并不因为分为无数的部分而失掉其"完善性"，即其统一性和总体性，因为"在全体的连续和各个部分的连接上它又是统一的"（本书第7页），托兰德认为，宇宙就其为万物之统一和总体而言，就是上帝。他说："世界上万物是一，一是万物中的一切。万物中的一切者即是上帝。"（本书第34页）宇宙总体之有别于宇宙万物在于它"永恒无限，不生不灭"（本书第35页）。万物皆"受生灭规律支配"，变动不居，但是作为总体的世界"却安然无恙，保存了它的一切，它既不随时间而增长，也不为岁月所毁损"（本书第35页）。宇宙在空间（"广延"）上是无限的，"就全体说，它是不动的"；在时间（"绵延"）上"它是不可毁灭的，必然的，亦即永恒的"（本书

第 7 页)。因此托兰德认为,我们也可以说,从其永恒不灭性来看的宇宙即是上帝:“那永恒不变者就是上帝。”(本书第 36 页)

通过宇宙二重化的观念,将与宇宙万物相对的宇宙总体神圣化为上帝(反过来说就是将上帝自然化为宇宙总体),是近代具有理论形态的泛神论的一个特征,例如,布鲁诺和斯宾诺莎所讲的实体即上帝都是指作为总体的自然或宇宙。他们把上帝或实体即作为总体的自然或宇宙看作自因,从而排除了超自然的外在原因——超越的神,同时他们又把作为总体的自然或宇宙看作自然界万物的原因和产生者,并且都沿用中世纪经院哲学的术语,把作为万物产生者的宇宙总体称为“能生的自然”(Natura naturan),而把宇宙中产生的万物称为“派生的自然”(Natura naturata)。在这一点上,托兰德是完全承袭了布鲁诺等人的泛神论思想传统的。他在一个地方明确地提到:“古代哲学家为了讨论自然是什么,把自然分成两个东西:一为作用者,一为被作用者。”(本书第 37 页)作为“作用者”的自然就是作为总体的宇宙,它是万物产生的原因和源泉:“宇宙是万物之父,万物由之而获得存在,并重新化解于宇宙之中。”对于托兰德来说,这个作为万物的产生者的宇宙总体也就是上帝,因此他同时又以几乎相同的语言来描述作为万物创造者的上帝说:“万物皆由上帝而来,且将与上帝重新合而为一,上帝是万物的开端和终结。”(本书第 35 页)

如上所见,在托兰德的泛神论中,上帝和宇宙的同一就在于上帝即是就其作为总体、作为永恒的存在、作为万物的产生者来看的宇宙,就此而言,他确实把上帝自然化了。但是,从另一方面说,他把宇宙总体当作上帝,这又是把自然神化了,这样神化的结果必然

给自然或宇宙带来某种非自然的神秘的因素，这就是他提出的所谓“宇宙理性”或“宇宙精神和灵魂”。这个说法大概主要也来源于布鲁诺。布鲁诺的“宇宙灵魂”是从宇宙内部赋予万物以形式，使万物具有条理和秩序并使之运动变化的动力源泉，也是给万物以生机、使万物皆有灵性与生命的本原。托兰德的“宇宙理性”、“宇宙精神和灵魂”也是指赋予万物以秩序的宇宙“全体的力与和谐”、“全部的力和能”，“宇宙万物都是受这个最高的理性和最完善的秩序的规制的”。尽管托兰德强调“这种力同宇宙是分不开的”，并且申明“不能以人的理智能力”来类比宇宙的这种“崇高的理性”，但是“宇宙灵魂”之类的说法毕竟是托兰德们泛神论者加诸宇宙的一种神秘的赘物。（上引均见本书第7—8页）

三、论物质、运动和思维

托兰德的泛神论虽然免不了神秘的因素，但是它把上帝和宇宙相同一的观点确乎给对自然的独立的研究提供了可能。托兰德在《泛神论要义》这本篇幅不大的著作中探讨了一系列重大的自然哲学的问题：关于宇宙及其物质构成的问题，关于物质的内在能动性和万物相互联系、运动变化的问题，关于思维和生命及其与物质的关系问题，等等，包含着许多卓越的唯物主义和辩证法的思想。

1. 宇宙的无限性

前已提及，托兰德主张宇宙的无限性，认为宇宙无论在空间上、时间上和力量上都是无限的；在无限的宇宙中存在着无数的世界（本书第7页）。在这方面他显然也受到布鲁诺的直接的影响。像布鲁诺一样，他支持哥白尼的日心说，但是反对哥白尼把太阳看作整个宇宙的固定中心，认为“在无限的空间中，最高、最低、中间、最后，都是不可想象的”，因此“不能承认有一个不动的宇宙中心，不能承认任何意义上的宇宙中心”（本书第9页）；在我们这个世界中“太阳是各个行星围绕旋转的中心”，但是在无数其他的世界中“还有无数类似的地球……围绕它们自己的太阳或者如泛神论者所谓的恒星转动”（本书第15—16页）。

2. 万物的物质构成

关于宇宙万物的物质构成及其最终单元问题，托兰德不赞成原子论的观点。原子论者认为，万物皆由原子构成，原子是不可分的而且同质的，只有数量（大小、形状）和排列的不同。托兰德则认为“用相同成分混合而成的物体是没有的”，各种物体都是“由不同的成分构成的”（本书第13页）。他把物体构成的这种基本成分称为“原初物体”或“元素”。“元素”都是非同质的，因而不同于原子，不仅在数目上而且在种类上都是无限的（本书第9页）。托兰德在一个地方曾引述古代哲学家的意见说：“事物的各个部分都可以无限地分割和划分，因为在自然中最微小的东西也是可分的，”（本书第38页）但是他认为元素“实际上不可分”，因而是“最简单的”，“万物都是由这些元素组合、分解以及以各种方式混合而成的”（本书第9页）。托兰德也反对原子论者把虚空与原子并列为物体构成的本原，认为“物体分割为自己的元素，但无任何虚空。各个规定之间没有间断，因为没有虚空的空间”（本书第9页）。

不过,应当指出,托兰德对原子论的批判最终导向了一个谬误的极端。原子论者企图用同质的原子在量上不同的组合来说明事物的质的多样性,诚然带有机械论的倾向。但是,托兰德为纠此偏,却提出了一个带有预成论性质的种子说。他认为,万物皆有自己的种子,皆由种子发育生长而来。各种事物的种子性质不同,因而"种子的有机结构不可能由原子的任何集合或任何种类的运动所形成",而是由彼此异质的诸元素即"原初物体或最简单的本原组合而成的"。但是,种子一旦形成就不复有任何发展了,因为一种事物的种子已包含了该事物的一切要素或成分,种子就是事物之具体而微,种子之生长为事物,只是一种量的增长而已。托兰德以树为例说:"一棵树的种子并不像亚里士多德所认为的那样仅仅是一棵潜能的树,而是一棵现实的树,在种子中已经有了树的一切必要的部分,虽然还如此之微小,以致如无显微镜就不可能为感官所感知,而且即使有了显微镜也只有在极少的事物中才能看到它们。"他认为,不仅动植物如此,而且宇宙间其他物种,如石头、金属等矿物质也是如此,它们也有自己的种子,也是由种子从小到大生长起来的(本书第 12 页)。这种预成论的观点在十七、十八世纪相当流行,一些著名的学者,如法国的玻内(Charles Bonnet)乃至大哲学家莱布尼茨,都持有这种看法。难怪康德和黑格尔在其著作(康德:《判断力批判》第 81 节,黑格尔:《小逻辑》第 161 节)中都对这种观点做过评论。例如,黑格尔说,这种预成论(或译"原形先蕴"说)的"错误在于将最初只是在理想方式内的东西"即仅仅是一种可能性的东西"认作业已真实存在",一个植物是从它的种子发展出来的,"但我们却不可因此便认为植物不同的部分,如根干枝叶等好像业已在极细微的形式下真实地存在于种子中”[①]。这个批评仿佛是直接针对托兰德而发的而且是批评得很对的。

3. 运动、转化和“两极相合”

托兰德在《致塞伦娜的信》中提出的物质具有内在能动性的学说是他的全部哲学中最具卓见、最可宝贵的思想之一。那么他在《泛神论要义》中的运动观如何呢？有的学者，例如苏联的德波林认为，在运动问题上托兰德在后一著作中较之前一著作似乎倒退了。他说：“托兰德在《致塞伦娜的信》中更充分地发挥了自己关于运动的观点，使他有可能克服对世界的纯机械论的概念。但是很奇怪，托兰德在《泛神论要义》中却没有利用在《致塞伦娜的信》所发挥的极富有成果的运动学说。”[②]这个说法不符合事实。托兰德在《泛神论要义》中没有再详细地专门论述运动问题，但是，像在《致塞伦娜的信》中一样，他坚决肯定物质的内在能动性，认为“内在的、普遍的能动性是一切运动中最主要的运动，是不为任何界限限制的，宇宙本身是无限的，所以承认有一种无限的能动性是决不荒谬的”；宇宙万物处于普遍运动中，运动是绝对的，静止是相对的，“在自然中没有任何一点是绝对静止的，而仅仅相对于其他事物而言才是静止的。静止本身在实际上和本质上乃是一种阻力的运动”（本书第 10 页）。

托兰德不仅重申了物质内在能动性的学说，而且“利用”这一

① 黑格尔：《小逻辑》，中译本，商务印书馆 1957 年版，第 335 页。

② 德波林：《十七—十八世纪唯物主义史纲》，第 103 页。

基本观念进一步发挥了宇宙万物皆流皆变、对立面统一和相互转化的辩证法思想。例如,他说:“万物的运动造成了一个无限的前进和倒退的过程。尽管运动的系列和万物的系列是永恒的,然而没有一种运动、没有一种事物是永恒的,一切事物都被更新”(本书第 25 页)。就地球来说,由于赤道的运动,“地球上的每一微粒(对其他行星也可以这样说),在漫长的岁月中必然遍历各种各样的迁流变易”(本书第 18 页)。万物在流变中互相转化:“今日之沧海乃昔日之桑田,而今日之桑田异日亦将沦为沧海;”(本书第 19 页)“现在寒带的居民会被带回和转向赤道线”,“北极角的位置移到南极角,东部移到西部”;太阳曾经无数次“在它现在升起的地方落下,而在它现在落下的地方升起”(本书第 18 页);凡此种种现象,托兰德用一句极富辩证智慧的语言概括为:“两极相合。”(本书第 16 页)他在一个地方引述的一位古代作家的下面一段话可以说是对这一箴言的极好的注释:“无论神的还是人的一切事物都在浮沉转化;昼夜消长,月有盈亏;火与水有相通之路;太阳对我们有各种各样的外观,既是此物又不是此物:对于木星是光明,对冥王星则是黑暗,对冥王星是光明,对木星则是黑暗。彼物来到这里,转换到这里,此物则去到那里,转换到那里,永远如此。彼物过渡为属于此物之物,此物亦过渡为属于彼物之物……”(本书第 23 页)

当然,托兰德在《泛神论要义》中阐述的运动变化的学说也有其重大的缺陷,即他终究未能完全挣脱机械论的樊笼,把运动归根结底仍还原为位置的移动,甚至说:“在世界上并没有真正的革新,而只有位置的交换,由此而有万物的生灭,亦即生成,增长,改变以及诸如此类的运动。”(本书第 10 页)十八世纪是机械论统治的时代，卓越人物如托兰德也逃不脱时代的局限，是很自然的。

4. 思维与生命

关于人的思维问题，托兰德在《泛神论要义》中继续发挥了他在《致塞伦娜的信》中提出的基本观点，即认为思维的器官是大脑，思维是大脑的活动。他反对某些人把膈膜或心脏或肝脏或其他部分想象为思维之所在，坚持认为"大脑是思维这种能力的专门器官"，而"思维是大脑的一种特殊的运动"。但是，关于思维活动及其观念的性质是什么，托兰德却提出了一个错误的说明。他认为，"大脑是一种物质的非常复杂的器官，只能产生物质的东西"，从而得出了"一切观念都是物质的"这个荒谬的结论（本书第10，11页）。

有趣的是，托兰德一方面把人的思维物质化了，另一方面却赋予万物以生命和灵性，走向了物活论或万物有灵论。在这一点上托兰德背离了他在《致塞伦娜的信》中的观点，在那里他对各种各样的物活论都做了批判[①]。但是现在他却极力主张："地球上的一切东西都是有机物，"（本书第15页）"散布在地球上的事物各有不同种类的生命"（本书第14页）。前后观点的这种变化也不是偶然的，而是托兰德转向泛神论的必然结果。实际上，物活论或万物有灵论乃是泛神论的一个不可或缺的附随的要素。正如托兰德所说："因为弥漫整个物质的上帝遍在于大地、海洋和太空深处，因此，人和牲畜，牧人和野兽在出生时全都承受了有灵气的生命"，又

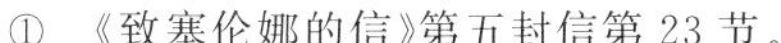

① 《致塞伦娜的信》第五封信第23节。

说："世界上一切事物都是世界的部分，都包含在一个赋有充满理性和永恒的理智的自然中，"这种宇宙理性即世界灵魂，亦即上帝，就是那"渗透极大与极小之物的灵魂的神圣来源"（本书第 38—39 页）。

上面我们就《泛神论要义》一书的主要内容及若干重要问题做了一些介绍和评论，或有不当，敬请读者指正。本书系根据《Pantheisticon》伦敦 1751 年版英译本翻译。这个英译本文字水平不高，颇多文理不通之处。苦无拉丁文原著可以对阅，许多地方译者只能据上下文意反复琢磨索解，译文恰切与否，犹未敢自信。不久前从钟宇人先生处借到此书的俄译本（莫斯科 1967 年版），一些疑点参照俄译本重新译过，对钟先生的慨然相助谨表谢意。商务印书馆陈小文同志为此书责任编辑，对译文提出过不少宝贵的意见，在此一并致谢。

陈 启 伟

于北大畅春园

目　　录

扬奴斯·尤尼乌斯·尧甘内修斯[*]致博学聪敏的读者

作为一个衷心关切人类，真正崇拜永恒真理的人，我向您，公正的读者，介绍一个新团体和它的新章程；皈依这个团体，您不但会变得更好更聪明，而且甚至会过一种快活、幸福和安然自得的生活。至于人们是凭着什么机缘还是煞费苦心才发现了这些东西，我无须告诉您，而您也不必知道它们。要对它们做出恰当的判断，我们只须注意它们本身，除它们本身之外，我们就不必查询任何别的事情，因为任何外在的评断都不可能（权威人物则更不可能）提高它们的价值。一般人类都厌恶知识，并且用恶言咒骂有知识的人；但是，正如塞涅卡给予我们的崇高教导那样，我们要竭力不像牛羊那样跟在牧人的后面往牧人要去的地方走而不往我们应当去的地方走。由于人们宁愿信从而不愿思量，所以在歧路面前，他们

---

* 即约翰·托兰德。《泛神论要义》一书最初以拉丁文出版，署名为扬奴斯·尤尼乌斯·尧甘内修斯（Janus Junius Eoganesius）。1751 年该书英译本出版，译者未具名，不知何人。译者对扬努斯·尤尼乌斯·尧甘内修斯一名有一小注说明："托兰德先生出生于爱尔兰最北部的半岛，伦敦德里的伊斯特穆斯。该岛原称伊尼斯-尧甘（Inis-Eogan），或伊尼斯-尧根（Inis-Eogain），现名伊尼索恩（Inisoon）或伊尼斯·欧文（Inis-Owen）。托兰德受洗时取名为扬努斯·尤尼乌斯，由此他称自己为扬奴斯·尤尼乌斯·尧甘内修斯。"——中译者注（以下各注均为中译者所加，不再一一说明。）

从不对生活深思熟虑，轻信永远占居上风，由父而子地传递下来的谬误使我们的思想困入了它的迷宫，我们深深陷进了谬误之中。一言以蔽之，就是这种让别人的榜样牵着鼻子走的愚钝不灵、昏头昏脑使我们有遭受毁灭的危险。那么，我们还有什么要做的呢？塞涅卡说，如果我们使自己与群众隔绝，我们就会得到安全了。因为，正如这位作者随后谆谆教导的，群众乃是最坏的东西的一个证明。而且，照西塞罗的看法，没有任何事情像对知识不感兴趣那样遍于流俗的了。

我们还是用西塞罗的话说，哲学以只有很少一些鉴识者而感到满足；由于知道群众对它怀有嫉妒和憎恨，哲学有意避开他们；因此，如果有人要诽谤哲学，对哲学表示憎恶，那么他这样做是会博得民众的赞许的；如果他要极力攻击我们所坚持的哲学，那么他在其他哲学家的体系里是可以找到大量的资料的。至于您，读者，如果您乐于追随理性而不是依从习俗，乐于以理性作为自己的响导，您就会认为人类的一切变故都不足道；您就会耐心忍受自己的无论怎样的命运；您就会远拒愚蠢的野心和令人苦恼的嫉妒心；您就会蔑视那使您转瞬即逝的变灭无常的荣誉；您就会过一种安谧快乐的生活，既不羡慕也不畏惧任何事物；维吉尔下面的这几句诗就当之无愧地用在您的身上：

这个人是多么幸福啊！
他能够探索事物的奥秘；
一切的恐惧和命定的天意，
和冥界滔滔的黄泉，
他一概踏在脚下！

读了这本《泛神论要义》,您就会成为这样的人。当您懂得它是对于这个团体的一种哲学的而非神学的叙述(因为在阐明自然奥秘和宣讲宗教之间有巨大的差别)时,我将祝愿您成为聪明的人,再见。

论古今的学术团体并论无限而永恒的宇宙

一

人是一种社会的动物，没有他人的帮助和协作，不可能过很好的、幸福的生活，而且根本不可能生活；因此，就有许多的团体乃至无数的团体由于事物的本性而必然产生出来。丈夫与妻子，父母与子女，主人与奴仆，官长与下属结成紧密的联系，最后所有这些人及其各自家族结合在一起就形成了生存于城市中的联盟。这些团体中有些是比较自愿的，有些则是不甚自愿的。前者是我们在这里所要谈到的，古代希腊人和罗马人称之为兄弟会，联谊会，社团，协会。后者（不是自愿的团体）也常常使用与此相同的名称；不过，我们在这里不去讨论商人和手工业者的同业公会，也不讨论宗教团体和政治结社；阿尔瓦尔兄弟会，蒂善友谊会，奥古斯都派，弗拉维派，安东尼派即属此类。我们所谈的乃是希腊人和罗马人为了求得精神的愉快或教益而常常建立的那些团体。宗教集会，特别是在夜间举行的集会，以及其他的时刻集注于政治或以任何形式与国家有关的各种结社，是经常受法律的限制和禁止的；那些具有庄严仪式的僧院聚餐也是如此（它们有许多是在每年指定的日子举行仪式的),至于手工业者行会就更不必说了,那是与我们的团体大不相同的。学术团体,亲切有趣的宴会(希腊人称为Symposia和Syndeipna,拉丁民族称为Compotationes和Concaenationes,与斯巴达人的Sussitia没有什么区别)则很少或从未遇到这种不幸或耻辱[1]。这种团体的每个成员都为会餐做点捐助;希腊人把这种捐助叫做Symbolum或Symbola(摊钱,凑钱),罗马人叫做Collecta(集资、募捐),因此宴会本身则被称为Caena Collatitia(会餐,宴会);那些不做任何捐助的则被称为Asymboli即免费者。希腊人又把Symbolum叫做Eranium,把聚餐叫做Eranos,把赴宴宾客叫做Eranistae,把宴会的东道主叫做Eranarcha。

二

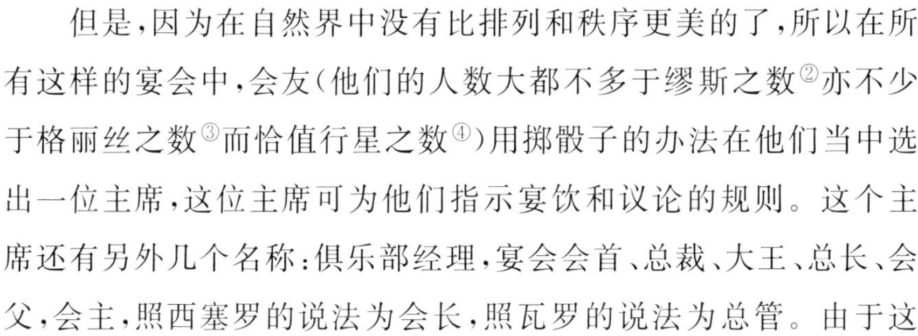

但是,因为在自然界中没有比排列和秩序更美的了,所以在所有这样的宴会中,会友(他们的人数大都不多于缪斯之数[2]亦不少于格丽丝之数[3]而恰值行星之数[4])用掷骰子的办法在他们当中选出一位主席,这位主席可为他们指示宴饮和议论的规则。这个主席还有另外几个名称:俱乐部经理,宴会会首、总裁、大王、总长、会父,会主,照西塞罗的说法为会长,照瓦罗的说法为总管。由于这

① 此处所谓"宴会"实为学术性的聚会。在古代希腊,人们常以宴饮的形式聚会讨论学术,交流思想,席间可伴有歌吟娱乐活动。现代西方所谓Symposium(讨论会,座谈会)即由希腊文Symposion一词而来。

② 缪斯(Muses)为希腊神话中司文艺、美术、音乐等的女神,共九名。

③ 格丽丝(Graces),希腊神话中象征美丽、温柔、欢乐的女神,共三名。

④ 绕日旋转的行星,十八世纪初所知者为八个。

个理由，人们把这个名字作为社会生活的最公正的仲裁者和调解者、朱庇特神似的人物加以崇拜。凡是想知道一个好的主席所需具备的品质的人得暇时必须查阅一下普卢塔克《宴饮》一书的第一卷的第四个问题，因为这些品质与宴饮的规则而不是与论辩的规则有关系。由于这些宴会是定期或不定期举行的，或多或少是美味佳肴、排场豪华的，因此赫尔莫根内斯（Hermogenes）称之为苏格拉底聚餐会的那些宴会就很容易超越所有其他的宴会，而更值得向人们推荐。从非凡的苏格拉底的两个最杰出的学生柏拉图和色诺芬的著作中我们可以看到对苏格拉底聚餐会的详细叙述。

三

我们的时代也有不少的人愿在饮席之上自由而无拘束地讨论任何问题，他们组织了与苏格拉底聚餐会无异的聚餐会，而并无不当地把它们称为苏格拉底协会。他们大都是哲学家，或者至少是在某种程度上近乎哲学家的人：他们不盲从任何人的意见，不为教育或习俗所误引，亦不屈从本国的宗教和法律；他们摒弃一切成见，心灵极其沉静，自由而公平地对世俗的和所谓神圣的一切事物加以讨论和深究细察。他们对于上帝和宇宙持一种独特的观点，因而他们大都被称为泛神论者；不过他们的观点同伊壁鸠鲁派、混沌论者、占卜解梦者是截然相反的，因为他们不承认原始混乱状态，不承认命运，更不承认偶然性是世界的创造者。虽然他们对事物的原因和根源提出了自己的看法，他们与神秘科学的最古老、最可信、最受尊敬的先知莱纳斯一道，说万物来于全体，全体来于万物。

他们经常挂在口头的这句短短的箴言需要充分的说明，因此我们在这里就要循名责实地对这句话作简要的阐述。

他们断言，宇宙（我们所看到的这个世界只是它的一个微小的部分）无论在广延上还是在力量上都是无限的，然而在全体的连续和各个部分的连接上它又是统一的：就全体来说，它是不动的，因为在它之外没有地点或空间，但是就各个部分来说，由于有无量数的距离，它又是可动的；无论在存在还是在绵延方面，它都是不可毁灭的和必然的，亦即永恒的；它具有一种崇高的理性，因而是有智慧的，但是除了可略做类比外，它是不能以人的理智能力来加以名指的；最后，它的各个组成部分永远是同一的，永远处于运动中。

要以如此简略的方式比较清楚地说明这些东西是不可能的，为了进一步满足读者的要求，我将对之逐一加以评述。

四

运动和理智是无限的全体的力与和谐，从这种运动和理智产生了无数种类的事物，而每一个别事物都既是质料又是自己的形式，形式不是别的东西，不过是每一物体中各个部分的配置罢了。由此我们可以推知，宇宙万物都是受这个最高的理性和最完善秩序的规制的，在宇宙中有无限多的世界，这些世界作为各自具有其特殊性质的不同部分而互相区别，虽然对于全体来说，没有任何部分是真正孤立的。事物因分为部分而有运动，但这决不会剥夺了宇宙的完善性，因为新的完善性会根据永不止息的生成原则而产生。许多事物由于分为部分而经常解消，这也不成为宇宙完善性的障碍，因为这正是最高的完善性的一个特征；宇宙全体并未毁灭任何东西，只有破坏和产生交相转换，通过形式的不断变化和事物的最美妙的纷繁多样和盛衰兴替而必然导致全体的分有、善和保存，而且似乎造成一种无穷无尽的循环。

那位著名的缪塞[①]认为，万物由太一而生，并将与太一重新合而为一。最后，全体的力和能，万有的创造者和统治者，永远趋向至善目的者，就是上帝，如果乐意，您可以把他称为宇宙的精神和灵魂；因此，如我在前面所说的，人们就用一个特别的字眼，把苏格拉底协会的会友称为泛神论者；照他们的看法，这种力同宇宙本身是分不开的，只能根据一种理性的区别把它们分离开来。不论别人如何，但是阿里米奴姆的格里高利，奥卡姆，卡耶坦奴斯，甚至被奉为圣徒的托玛斯·阿奎那都不认为，我也不认为，当泛神论者说上帝是永恒世界的永恒原因，万物从永恒以来就是从上帝流出而无须任何媒介的时候，他们这种说法是与摩西创世记相矛盾的；但是，杰洛姆对这个问题思考得很精细，他说上帝既浸注和散播在世界之内又浸注和散播在世界之外。这是古代哲学家而尤其是毕达哥拉斯派的意见。

五

为了对泛神论者的哲学思维方式有更明白的了解，我告诉您：

① 俄译本注：缪塞为荷马之前的一位希腊神话诗人。

原初物体或元素(如果允许我用元素这个词的话)是最简单的,实际上不可分,在数目和种类上无限的,万物都是由这些元素组合、分解以及以各种方式混合而成的,不过要按照适当的尺度、重量和运动来分合,就是说,要按照本性可动的各个部分的一种相互的机械的平衡和不平衡来分合,按照各个协同推进的物体的一种相互的规定来分合,这些物体分割为自己的元素,但无任何虚空。各个规定之间没有间断,因为没有虚空的空间,也没有终极的界限。认为根本不存在运动的无穷进展这个在经院派中普遍接受的原则既是一种诡辩,也是一种谬误,因为存在着无限多的个体,因为我们不可能确定一个最初的东西,也不可能确定一个最后的东西,我们虽然情愿承认不存在无限的规定,不存在任何特殊种类的运动,但是我们却不能承认有一个最初的可以运动的物质的东西,不能承认有一个不动的宇宙中心,不能承认任何意义上的宇宙中心。伊壁鸠鲁断言,事物都是由粗糙的和平滑的、钩状的和弯曲的物体粘合、凝结在一起的,我们也不要忘记他对虚空的解释。对于他的这些发明还有他所说的原子的偶然聚集,原子的非由外力决定的倾斜运动,原子在各个世界之间的距离上发生作用,我们就留给伊壁鸠鲁自己去受用吧。关于原子永远沿直线下降以及诸如此类的谬论,我们无须详述,在无限的空间中,最高、最低、中间、最后,都是不可想象的。内在的、普遍的能动性是一切运动中最主要的运动,是不为任何界限限制的,宇宙本身是无限的,所以承认有一种无限的能动性是决不荒谬的,但是,一切特殊的运动则按每一抵抗力或推动力的方式和力量而互相限定,抑制,阻止或促进自己。我们的计划不容许我们在这里讨论天体的相互作用,也不容许我们讨论那些名气不小的哲学家为虚空辩护而提出的论证。无论谁用这些概念来满足自己的想象，就让他去向伟大的牛顿请教吧。我们已经说过，复杂的物体包含着各种不可分割或分开的分子，但这种或那种分子在其中占有优势，因为根据古老的原理，一个事物具有其他事物的实体愈多，则会愈加从其他事物得来自己的名称，于是就发生这种情况，即在世界上并没有真正的革新，而只有位置的交换，由此而有万物的生灭，亦即生成，增长，改变以及诸如此类的运动。如我们已经指出的，万物都处于运动中，而一切的殊异多样者是许多特殊运动的名字，因而在自然界中没有任何一点是绝对静止的，而仅仅相对于其他事物而言它才是静止的。静止本身在实际上和本质上乃是一种阻力的运动。

六

关于思维，我们是一定不能略而不谈的。思维是大脑的一种特殊的运动，而大脑则是思维这种能力的专门器官，或者说得更确切些，大脑的某个延续到脊髓和神经及神经膜的部分是灵魂的主要所在，执行思维和感觉的运动，这个部分根据大脑的不同结构，在各种动物身上是千变万化的。至于身体通过神经完成的其他运动，我们在这里就不谈了。

以太火围绕万物，因而是最高的火；它弥漫万物，因而是内在的火。灶间厨下之火不过是它的某种类似的不完全的想象物。依靠大脑的被调整得很奇妙的结构和作用于大脑的外部对象，以太通过感官神经的媒介，就在大脑中刺激起各式各样的想象，适当地制出概念、想象、记忆、扩大和缩小观念的全套机构。只有这种比思想本身更迅速、比其他任何种类的物质更精细的火才能以如此之快的运动穿过神经的索带，按照对象对神经造成的不同印象，以种种不同的方式来刺激它们。不仅如此，以太还是一种能更新的火，能发出一种平缓的柔和的温暖，不像普通的火那样灼热，那样滥烧，那样耗尽。它支配万物（“论饮食”的作者说），按照自然，无声无息，看不见也摸不着地安排着万物。灵魂、精神、智虑、增长、运动、减少、改变、睡眠、注视，都是在这种火中，它在一切事物中支配着一切，而决不容许天上地下的东西处于静止。这种火就是贺拉斯的神圣的气分子，维吉尔的具有神圣来源的有内滋养的元气，如果他还用过别的名称来表达它，那就是火似的元气。现代人所说的动物元气以及神经液，除非表示这种火，就不过是一些空洞的名称。关于在大脑中（大脑是一种物质的非常复杂的器官，只能产生物质的东西）是以什么方法激起想象，形成观念的，我们在《秘学》第二卷中论及，在那里我们论证了一切观念都是物质的。因而否定了某些人的观点，他们把膈膜或心脏或肝脏或其他部分想象为灵魂的所在；人们应当知道（希波克拉底，或者也许是德谟克利特，在那部关于癫痫症的重要论著中说），除了大脑，没有任何别的部分能使我们产生快乐，愉快，欢笑，舒畅，又能使我们产生忧伤，忧虑，悲伤，悲哀；由于有大脑，我们才变得聪明，能理解、能看到、能听见、能知道什么是卑鄙的，什么是诚实的，什么是好，什么是坏，什么是适意的，什么是讨厌的，能根据规则辨识其中的某些东西，能根据所带来的利益感知其他一些东西；由于有大脑，我们才能在适宜的时刻把快乐和不快区别开来，而同样的东西并不总是

使我们高兴的；由于有大脑，我们才会发生精神错乱，才会发疯，才会怀有恐怖和惧怕，这种恐惧感有些在白天出现，有些在夜间出现，我们的思想同梦幻交往，我们陷入反常的谬误，我们纠缠在无益的思虑之中，我们也不问有没有人支持，把事物废然遗忘。凡此种种都是由于大脑处于不正常的状态时引起的，也就是说，大脑不健全，过热或过冷，过湿或过干，总之，大脑受了某种违反自然或常态的东西的损伤。正如舌头是味觉器官一样，大脑乃是思维的器官。但是，闲言少叙，我们还是言归正传吧。

七

从无限久远的时候开始，万物的种子就是由原初物体或最简单的本原组合而成的，因为人们公认的四种元素并不是简单的，也不足以构成万物。在无限之中一切事物都是无限的，甚至是永恒的，因为任何事物都不可能由虚无产生，所以我们可以得出结论说，种子的有机结构不可能由原子的任何集合或任何种类的运动所形成。我们可举些例子说明这个论点。例如，一棵树的种子并不像亚里士多德所认为的那样仅仅是一棵潜能的树，而是一棵现实的树，在种子中已经有了树的一切必要的部分，虽然还如此之微小，以致如无显微镜就不可能为感官所感知，而且即使有了显微镜也只有在极少的事物中才能看到它们的种子。这棵树所需要的一切就是通过使用各种不同的单纯物体而逐渐使其各个部分得到更充分的区别和更大的体积，这些不同种类的单纯的物体，作为许许多多的组成成分，对于树的种子这种单纯物体的滋育和生长是必不可少的。因此，只要树在其中生存的那些种子永远活着，被种植在适当的地方，使之能立刻接受一种特殊的结构，汲取营养，增大起来，逐渐达到一种相当的完善性，那么任何种类的树都是不会死灭的。对于宇宙间其他的物种，即不仅对于动物和树木，而且对于石头、矿物、金属都可以这样说，后者同样也是植物性的，有机的，像人、四脚兽、爬虫动物、鸟、鱼和草木一样，也有自己的种子，也是在母体中形成，并且靠一种特殊的营养物而生长起来的。

八

诚然，哲学家们大都认为，黄金、水晶等等是由相同的，或者说具有相似性质和成分的物体，通过一种外在的配置或某种别的方式造成的，因为对感觉来说，它们似乎就是这样的。但是，泛神论者认为，它们是由不同的成分构成的，被称为同质的东西（Homoeomeres）的物体是由于含有这些不同的成分而产生的（其中这种成分或那种成分占居优势，这是一个组合的原则）。用相同成分混合而成的物体是没有的，即使金属和宝石也非如此。化学家已经证明，这样一些物体都是由几种实体以各种方式结合而成的，因此，从黄金（似乎没有什么东西比它更具有相同的成分了）中他们析取出了组成这种贵重金属的硫磺、水银、土和其他的东西，虽然没有析取出所有的成分，因为这不是人类力所能及的。在宝石和金属中，我们可以看到各式各样有若枝苗根茎的矿脉，在矿山石坑中伸延得很长很广。由此，一种能助长它们的养料（恕我擅用某位哲学家的话）首先通过较松的通道，然后渐渐通过较窄的通道徐缓地滤过而使营养变得更纯，最后，通过一些隐秘的细薄的气孔蒸发出来。正如血液上下流动，被输送到身体的四肢一样，在自然中也有一种营养物质通过矿石和金属的细窄的小孔渗出来，宝石和金属的每个部分都通过自己的导管从之吸取适合其本性的东西。如果说在宝石和金属中这种营养液不像在动物的胃和血管中那样容易看到，那么就请向自然提出这种要求的人记住，对于树木虽然已有些人做过解剖，但是对于来自各个部分的树的特殊养料我们也并没有看得很明白。如果有人说，植物有某种形状的树干、枝、叶、花、果、种子，那么在金属和宝石中所有这些也都可以找到，或者具有类似的形式，或者采取不同的形式。既然植物本身也并不以同样的方式都长成灌木，那么，散布在地球上的事物各有其不同种类的生命，又有什么值得惊叹的呢？无论何时，当我们看到无数的以各式各样的形状而相区别的宝石在某些地方生长，我们就没有理由认为，它们不是像动物的牙齿和骨头那样受生命推动的。并非每个国家中诸般事物无所不产，同样地，并非每个地方都长各种宝石、各种植物，并非在每个地方都给一切事物提供适当的营养。大理石长在这里，钻石长在那里；这种宝石较快地取得适当的形态，那种宝石则迟一些；这个种子产生鹅卵石，那个种子产生岩石。宝石也像所有别的植物一样，有增减，存在有长短。但是，当某些宝石不能通过如此坚硬的物体和细窄的气孔取得营养和增长时，它们就停止生长了。人们说，谁能相信体积很大的宝石和金属也像骨头一样是由植物供给营养而增长的呢？什么样的滋养力能够使那种不可克服的硬度发生软化和膨胀起来呢？但是，我们可以用另外一个问题来回答他们：在这里使我们感到惊叹的东西难道在动物的牙齿那里不是也可以看得到吗？动物牙齿比大多数的宝石和金属还要坚硬，但是它们却通过精细难见的导管而吸取营养，并一点一点地增长。然而，如果牙齿能够接受一种新的物质增加进来，那么，它的每个部分必然都是塞得结结实实的，如果一颗牙齿相当于一座山或一个岛，那么它同样就会扩张成一个很大的体积。如果对于骨骼和最坚硬的树干来说，这并不是什么值得惊异的事情，那么，为什么对于宝石和金属来说就似乎是近于稀奇的怪事呢？正如在生长中的树不同于被伐倒的树一样，在矿坑中的宝石也不同于被采凿的宝石：前者是活的，后者是死的；前者处于天然的矿床中，充满了汁液，后者已被割离出来，失掉了水分，而且最终要化为尘埃。简言之，地球上的一切东西都是有机物，在自然界中没有任何东西是偶然发生，没有自己的种子的。因此，地球被称为混有一切种子的(Panspermia)母亲，而主宰万物的(Panmmestor)太阳则是她的永不衰老的丈夫，这种说法是不无道理的；这也证明我对一位德国旅店的老板的问答是正确的，这位老板无礼地硬要我告诉他我是哪国人，我说：太阳是我的父亲，地球是我的母亲，世界是我的国家，人人是我的亲戚。如果一个无知无聊的人要用荷马的诗句问我："你是谁？你来自何方？你的城邦在哪儿？哪儿是您出生的故乡？"我也会像上面这样回答他。

九

泛神论者们主张毕达哥拉斯派的天文学，更正确地说是埃及人的天文学，或者用现代人的说法是哥白尼天文学，认为太阳是各个行星围绕旋转的中心，地球在各行星中间既不是最大的，也不是最微不足道的。还有无数类似的地球，以固定的时间，按照各自相当的距离，围绕它们自己的太阳或者如泛神论者所谓的恒星转动。对于做最大的圆圈运行的彗星，他们也坚持这种看法。当他们致力于研究观测天宇和地球时，他们从漫游太空的星球持续不断的行程中得到了何等绝妙的快慰啊！在思索它们的行程时，他们计算了受同一自然运动推动的较小和较大星球的快慢。因此，他们不难推知，没有任何行星是真正逸轨的，没有任何行星是逆行的，没有任何行星是不动的，没有任何行星是脱离了正确轨道的，尽管在人们看来似乎有这些现象。他们也确切地懂得古代学者们是在什么意义上理解天体运行的音乐的。西塞罗说，如此宏大、如此美妙、伴合着不等的休止，然而带有最精确的比例的一种音响，乃是天体本身推进和运动的结果，它把高音和降音融汇在一起，经常产生出许多和谐的协奏曲。有些更早更有智慧的哲学家不是把这理解为高音、降音的和谐，不是理解为七重分的和谐和音调的协和，而是理解为这些天体运动的奇异的和谐；而离不开自己的艺术的诗人们则对这种天体运动的和谐任意驰骋自己的想象，那些想要制造星球的荒唐人竟似乎听到了天体飞速的音响而变得神志癫狂，这实在是对他们的愚蠢的一种惩罚。泛神论者的弟子们却轻而易举地解决了多少令人感到愉悦的问题啊！例如，运行最慢的星如何能变成最快的星，这是一件难以解释的事情，在这里我们不能详述，但是我可以对泛神论者关于两极相合（Coincidence of extremes）的学说（如果我可以用这个词的话）简略地提示几句，因为根据他们组织的规则，是不允许我披露其学说的全部的。

十

从这个两极相合的学说，泛神论者推出了地球的某一第三种真正奇异的运动，这种运动须以春分点或秋分点（能给这个运动以证明的固定点）的进度因而须以子午线的流动和不断偏斜来测量。地球的轴线总是与本身相平行地不停地围绕黄道的极而转动着，地球轴线与黄道极的距离到处都是倾向黄道面的23度半，而春分秋分日点则逐渐进到南部，与黄道没有什么关系。以亚里士塔尔库斯、尤多克索斯、希帕尔库斯、托勒密、哥白尼、哈雷以及古今其他杰出天文学家的观察为根据，不可能有比这更清楚明白的证明了；因此，当二分点走到南回归线（冬至线）时，它们必然远至南极，之后则转回到北极。我们英国人实际上现在比庇蒂亚神祇[①]时代距离北极更远，尽管第八行星与地球相距如此之遥远，古代天文学家所描述的那些天文现象，其差异、光度和对比，虽历两千年之久，我们似乎并不感觉有很大的变化；但是，我们不仅随着每年季节的变迁，而且由于春分秋分日点的前进而事实上渐渐地更接近于南回归线，这就是我们距离北回归线更远了的一个证明；根据历史和观察材料，同一季节的气温变得更温和，这也是一个证明。这个渐渐由东而西的第三运动（我称之为赤道的运动）所造成的情况，使得称为第八行星的天体或虽然不动却看得见的恒星的天域似乎是从西而东的；因此，不论第八行星的运动结果是否越过黄道，也不

① Pytheas，阿波罗神在德尔斐神庙中的女祭司和女先知。

论是否先有一个春分秋分点的进度，现象都是一样的，都是同样的事物作用于我们的视觉。这个现象正如以前被归之于太阳和其他行星的那些地球的运动一样，应当以同一方式加以解释，必须从那些喋喋不休吹毛求疵的家伙的谬论中被解放出来，这些我们在《秘学》(*Esoterics*)第三卷中已经做得很充分了。

十一

作为这个赤道运动的自然结果，地球上的每一微粒(对其他行星也可这样说)，在漫长的岁月中必然遍历各种各样的迁流变易。所有的泛神论者都说，子午圈的这种倾角表明，地球的轴线并不总是穿过相反的部分。因此，各个不同的地区一点一点地不知不觉地都要位于轴线之下，现在寒带的居民会被带回和转向赤道线；最后，北极角的位置移到南极角，东部移到西部。希罗多德根据埃及祭司们的宗教权威和神秘墓碑证明这种情形以前发生过两次。就是说，太阳曾有两次在它现在升起的地方落下，而在它现在落下的地方升起。这种情形不仅发生过两次，而且发生过无数次，而且在永恒的时间绵续中还会发生，不过星球的这种位置变换和各个部分之归于同一位置，一个周期就需三万六千年左右的时间。哥白尼似乎愿将这个周期缩短为二万五千年。那些嘲笑埃及人的人们是如何常常受人嘲笑啊！他们对真正的天文学并不通晓，对埃及人研究的领域根本不懂。我确实可以把他们叫做野蛮的江湖无赖，他们用一些离奇古怪、荒唐透顶的念头来诓骗、诱惑幼稚民众的心灵。但是从数学家们所据以进行审思和研究的这种观察(如

那位最有独创的人物所做的观察)，我们看到了一种独到的自然观和天道观，即我们不能判定地球的一个部分长为寒冷之域，它的每个地区在适当的时候都会从各个方面享受太阳的光照；尽管由于运动的缓慢和人的生命之短促，这一点没有为人们所认识。地球轴线的变化可能也证明有这样一种力，由于这种力，地球使自己对准第八行星的某个部分，逐渐地从地球的一个位置转向另一个位置；从而各个地区的气候、城市的纬度、日规在子午线上的位置，就必然发生变化。并且，地球的赤道线随轴线而变，转向地球的另一部分；但是因为它与轴线总是成直角，如果不发生别的变化，赤道线会像在尤多克索斯时代那样仍然被发现在白羊星座下面，而且春分、秋分点不会逆行前移。不过，赤道线发生过变化是确然无疑的。因为白羊星座角上最大的那颗星(在尤多克索斯时代春分点是在白羊星座之内的)对于黄道来说，至少距双鱼座有三度宽，但是对于赤道来说，它倾斜得几乎触到了北回归线。由此必然得出结论，黄道在尤多克索斯时代发生了变化。

十　二

由于几乎相似的原因，液体和固体，湿与干，都经受同样的变化；因为今日之沧海乃昔日之桑田，而今日之桑田异日亦将沦为沧海，尽管由水陆形成的地球的体积和形态总还保持原样。我承认，这是一个新学说，但是一个十分正确的学说；如果我没有弄错的话，在埃及人的其他学生中间，阿那克萨戈拉就是持这种观点的。当人们问他：朗布撒克姆山是不是有一天会变成海？他回答说：是的，除非时间不再进行。因为他相信，朗布撒克姆山部分地是因海水退潮才被发现，而部分地则是由海水退潮所造成的，并且将会被海水涨潮所淹没和消灭。因此，古人把大洋称为 Amphitrite（海的女王）是不无道理的，因为它包围大地，撕裂大地，蹂躏破坏大地。这些变化是缓慢发生的，当一些学者去观察时，在表面上是难以看到的；但是那些慢慢地不断去进行观察的人们却看到了这些变化。那些思想敏捷而匆促的学者即使做出了这样的观察，它们也经常被大家所忽视，如果最后不是被完全遗忘了的话。因此，泰奥弗拉斯图斯在临终时据说（按西塞罗所述）曾抱怨自然赐予公鹿和乌鸦以很长的生命，虽然它们并不需要，而给予人的生命却如此短暂，尽管人活得长久一些会有极其重大的后果；如果他们的生命能够延长，一切艺术和科学都会臻于完善之境，人的生活会在各种学术方面都得到改进。因此他抱怨，正当他刚刚开始对这些事物有了朦胧的认识，死就夺走了他。我们不来考察这个抱怨是否有理，也不否认希波克拉底的格言是对的，他说："人生是短促的，艺术是长久的。"然而，我们并非毫无办法判定赤道运动，因为学者们明白知道，地球的同一些地点不再转向大熊星、小熊星和其他恒星了，这些星球在希帕尔库斯乃至托勒密的时代具有这样一种位置，以致对海岸、岛屿和地球的其余部分是谈不到由这种不断推移而引起的显著变化的。我决不断定任何未经经验和理性证明的东西，因此，我摒弃一切可疑的假说和空洞的猜测，我们有权否定而不是构思它们。同样地，对那些被视为当然而非自明或未经证明的东西，对人们总是在着力要加以论证的一切谬误，我一概抛弃之并给以同样公正不偏的评判。

十　三

从上面所谈海的退潮或下落(我们认为根据时间延续之长久比从观察更容易证明这一点),某些物体,特别是那些海中物体,就可以得到充分的说明,这些物体在地球各处都被发现,它们不仅被深埋于地下,而且常常从巨大的岩石和最坚硬的大理石中脱裂出来。博学的伍德华德在其他学者所做的努力之后,已经以丰富的材料证明了,这些物体就是鱼和其他动物的真正的骨头、弃物和遗体。伍德华德在这些研究上是一位卓有见识的人物,应当受到学术界的赞美,因为他做出了惊人的观察,指出这些物体不是大自然的玩物,不是特殊种类的石头,也不是陆栖的鱼或贝壳,像其他许多人曾经毫无根据地幻想的那样。对于同样被埋于地下的植物残屑,我们也不能做出别的判断。因为各种石头(如前已提示的那样)也像其他各种植物一样是吸收了一种适宜的稀薄液体物质而增长的,这种物质有时把偶尔落在附近的坚硬而微小的物体密闭在自身之内,或者如果这些物体有孔隙的话,就浸入这些物体,并且像在母腹中一样,在其中渐渐石化,最后呈现出石头的形式。因此,对于像贝珍珠以及所有这类带花纹的宝石的产生,我们都必须做同样的解释。《秘学》给我们提供了一个现成解释,但不是用洪水泛滥(这是根本没有的事)后地球依然存在来解释(除了其他人,著名的前沃塞斯特主教斯蒂灵弗利特在他的《神圣的起源》中对洪水之说做过明白的论证),也不是认为,动植物化石的生成实际上可能是各个部分以任何方式被分离的结果。我这样说,是因为我

虽极尊重柏奈特、伍德华德、惠斯顿等人的学识和声望，但是他们对于万物的起源和大洪水，并没有确切地理解智慧的立法者摩西讲述的故事，没有彻底探究他的意图，更不要说那位埃及哲学家[①]讲的关于万物兴衰变易的历史，后来虽有一些追随者予以撮要概述，但是却被许多人歪曲了真义，或被一些无聊的骗子大大败坏了。正如对石头形成的理解一样，泛神论者对于在石头上留下印迹的植物或其他东西的现象也是这样理解的；但是在石南丛生的水底和沼泽地带掘出来的树木，则当然被他们归之于暴风雨、大水泛滥、地震及人类砍伐（我个人常常发现这些树是被砍过或烧过的）所致。这一点是用专门的论证来证明了的，不过现在不能详述，因为我们在这里不必深究底蕴，也不必涉及细节。泛神论者就是在上述关于无限而永恒的宇宙的这些最牢固的基础上建立了自己的哲学，并饰以一切可能的美点。在我们的《秘学》中还可看到对事物的更精妙的说明和对各种现象的解释，但在这里我们则只拟做历史的而非物理的叙述。

十　四

随着下面的叙述，我们将无误地指出，前引论饮食一书的杰出作者（我认为此书作者不是希波克拉底，而是一位更早的人物）曾以少许名言隽语式的言词表述了现象虽常如斯而万物实流转不已的学说。这位作者根据自然的基本元素及其凝聚和分离，精确地推出

① 指摩西及其《使徒行传》。

了这个定理：每物皆在万物之中，万物皆在每物之中，然后他又以下面这些仿佛发自德尔斐神庙三脚祭坛的话继续论证说：无论神的还是人的一切事物都在浮沉转化；昼夜消长，月有盈亏；火与水有相通之路；太阳对我们有各种各样的外观，既是此物又不是此物：对于木星是光明，对冥王星则是黑暗，对冥王星是光明，对木星则是黑暗。彼物来到这里，转换到这里，此物则去到那里，转换到那里，永远如此。彼物过渡为属于此物之物，此物亦过渡为属于彼物之物；它们不知自己之所为，尽管在它们自己看来，似乎知道其所为；它们也不理解自己之所见；但是它们那里的一切东西，无论其所欲还是其所恶，都是被一种神圣的必然性驱使的。彼物来此，此物去彼，二者互相混合，每个都或多或少满足了注定的命运。在这段值得注意的引文中，所谓神圣的天上的物体和人类的地上的物体，是被了解为：冥王星指地球或一切星球的中心，木星则指表面或围绕的空气。我们一旦知道了、了解了这一点，那么一个人如能以湿与干或海与地的消长进退，来理解我所已教导的关于子午线不断偏斜和地球轴线由此而不断地但几乎不可觉察地变化的那些事情，他就会不难理解其他一切了。充分考察了所有这些细节（无论关于经常变动位置的微粒之变化，还是关于永远不变的现象之恒定性），我们就可了解处于无限以太中的一切星球之状况都是相似的。对这些的思考无疑是真正哲学范围内一切东西中最使人感到适意和最高尚的东西。

十　五

洪水灭世和大火灾的鼓吹者们不应抱怨人们不赞同他们；我们

在赫拉克利特的称盘上称量事物，并且使用他的表达形式，因而把这些鼓吹者所希求而我们并不希求的东西丢弃了。我们说，整个大地曾为水淹没而又不曾为水淹没；一切的水将被火征服而又不被火征服；不过为使人们对我们所说的不致做出曲解，就像这位伟大哲学家在别的问题上曾经遭到曲解那样，我们要更明白地陈述我们的意见。因此我们认为，实际上大地的任何部分都曾在这时或那时被海覆没，海的任何部分也都终究会被大地占有；因为在古代作家那里，干燥(Siccity 或 Dryness)一词意即指火，是火的属性和效果。在常被引用的《论饮食》一书中，我们在几处遇到在干或硬的涵义上被使用的火这个词，作家们用结果代表原因，是常见的事。最早的希伯来人干脆就是用干来表示土地，最早的希腊人则确实是用湿来表示海的。摩西是这样讲的，荷马也是这样讲的。因此，无论在大宇宙还是小宇宙中，干增则湿退，干与湿二者交替相随。我认为，整个地球以前曾被水淹没，而整个海洋以后会渐渐变干，或者也可以说将转化为火。由于人们对此做了错误的解释，又由于对迦勒底[①]先知们的神秘的话语有错误的理解，就产生了所谓普遍的和最后的大火的奇谈怪论。我否认过去或将来，同时或一起，有过或将有湿对干或干对湿的绝对统治，不仅如此，我还证明这是决不可能的。我们不会愚蠢到相信丢卡里昂的神话故事[②]和斯多葛派的幻想[③]也不

① 迦勒底是古代闪族的一个部族，曾统治了巴比伦。

② 希腊神话有丢卡里昂王和庇拉王后的故事，类似圣经中诺亚方舟的故事。丢卡里昂和庇拉是宙斯以洪水灭世后唯一的一对幸存者，他们乘舟漂流九天九夜，最后栖息于一座山上，根据神谕向身后抛石，由石生出男女，繁衍成人类。

③ 斯多葛派认为世界完成一个周期即为大火所灭，尔后又重复出现，开始另一周期，如此循环不已。

会承认逍遥派所假定的那些性质，他们认为这些性质由于能产生与自己类似的性质，因而在此时或彼时能把所有其他的性质都还原或改变为它们自己。对这些性质，人们提出了两种理论。一种理论认为性质是由四种元素的排列而成，性质是混合物，不是元素，如果它们是单纯的，那么如前所说，它们决不足以说明事物的差异，正如笛卡儿的第一、第二、第三元素的质料不足以说明事物的差异一样。另一种理论则认为，可以一种更简单现成的方式说明自然：无限多的单纯各异的实体或种类无穷的可移动而不可分割的原初物体造成了万物的一切混合，它们则是万物的永恒的用之不尽的不变的质料。但是由此而来的事物，其产生不过是这些原初物体的结合，其毁灭则不过是这同一些物体由于任何原因所造成的分解。最初实体虽常住不毁，但各个部分总有一致和差异，因此无须担心，会在某个时候没有了事物的生灭；同样地，也不必害怕，任何对立物（不论其最后如何）会把宇宙的其他部分转变为自己或消耗掉其他部分。因此，化学家在寻找哲人之石上会感到沮丧。因此，一切可能的混合物体的经常不断的相互作用就发生了，这种相互作用没有真正毁灭宇宙间的任何东西，如上所说，万物都只是改变自己的位置；由于这个原因，虽然希伯来的卡巴拉派神学家和其他民族的哲学家认为，从虚无中创造就是一个事物之由没有自身亦没有先已存在的原因而产生出来，不过我们还是完全可以说，万物是被创造的；因为如我们已经指出的，万物的运动造成了一个无限的前进和倒退的过程。尽管运动的系列和万物的系列是永恒的，然而没有一种运动、没有一种事物是永恒的，一切事物都被更新，一切事物都是真正被创造的。但是关于这一点我

们在另外的地方再谈,现在我们讨论下面的问题。

十 六

现在我们回头来谈那个泛神论团体。由于泛神论者和古代其他智者一样把哲学分为外部的或通俗而低劣的和内部的或纯粹而真正的,因此,即使这个团体的每个成员都宣称信仰他从孩提时代就吸收了的异端学说(只要它不是完全谬误的)或被人们普遍接受的某种学说,他们中间也没有发生什么不和。他们从未卷入对经院哲学骗人玩意儿的争论,他们认为,在无足轻重的事情上,最通达明智的做法是照古语所说:我们必须同民众一道谈话,而同哲学家一道思考。但是,如果从先辈得来或由法律强迫信奉的宗教完全是或在某些方面是不道德的、邪恶的、卑污的、残暴的或剥夺人的自由的,那么在这种情况下,泛神论团体的会友们就可以完全合法地立刻皈依一个更宽厚、更纯正、更自由的宗教。他们不仅坚决肯定和坚持思想自由,而且坚决肯定和坚持行动自由,同时他们憎恶一切无法无天的特权,是一切暴君(不论是专制君主、跋扈贵族,还是暴民领袖)的不共戴天的仇敌。他们有许多人可在巴黎、威尼斯、荷兰的一切城市而尤其是阿姆斯特丹遇到,令人惊讶的是他们有的人就在罗马教廷那里。但是,特别是在伦敦,他们的人数比在任何别的地方都多,而且他们教派的教皇和大本营就在这里。显然,我说的不是英国皇家学会,不是法国科学院,也不是任何诸如此类的团体。前已指出,泛神论者们举办节约而正正派派的宴会,不奢侈,不出丑,不是为了饱尝美味佳肴而是为了会友,为了享受

交谈之乐。在他们的协会里，没有狂饮，没有赌博，没有管乐，没有跳舞，没有歌唱，没有乐姬，没有舞台演员的献艺助兴，没有滑稽逗趣的插科打诨。学术的谈话和适当的诙谐就是他们的歌剧和甜食。总之，这些晚餐不是阿庇修斯式的[①]或贪食纵饮的，而是纯洁、简单、高雅的：餐桌俭朴然而干净，家具平常然而整洁，人们的面容常是欢快愉悦，而从不愁眉苦脸。侍者和用人是许多凡俗粗鄙之人，在餐饮将尽时，他们就被关在门外不许进来了。会友们按照古人的习惯，把门严密上栓后，才分别就各种不同的题目进行交谈。正如酒是大家喝，话也是大家讲。除了最初提出的论证之外，这个或那个问题都是要提交会众来解决的，就如柏拉图派的宴会一样；或者如色诺芬派的宴会那样，每人都讲一下由自己或别人加给他的任务。他们讨论严肃重大的事情并不争吵，他们讨论快意可笑的事物毫不轻浮。他们对有关最有价值的事物的认识展开辩论，而从无关宏旨的事情上发生一些愉快的插曲。

十　七

按照这些协会的规则，他们有一个主席，他具有以前希腊人和罗马人在类似场合下所享有的那种权威。各地的会友除因病、因旅行在外或其他可被原谅的理由不能与会者外，都要出席每次会议。最值得叙述和了解的是，他们有一套著名的苏格拉底协会的

① 阿庇修斯（Apicius），罗马时代的一位伊壁鸠鲁派学者，曾著书一卷讲刺激食欲的方法。他本人身体力行，把大量家财都用于饱其口腹之欲，后竟穷途潦倒，自缢而死。

诵文，分为三个部分，包括协会的法规、原理和行为准则。我们很快就向读者作一介绍。每次会议总要宣读一部分（常常是第一部分或最后部分），先由主席单独朗诵，其余的人回答，有时与他齐诵。大部分内容都是交替吟诵的，根据维吉尔的诗中所说，这种方法最早是由荷马提出来的：

“……交替地唱歌，

交替的方法最使缪斯快活。”

但是在夏至冬至，春分秋分之日，诵文则要全部诵读。夏至冬至点和春分秋分日点的转换，由于太阳的媒介而产生了季节的变换和地球上发生的其他一切变化。也有别的时候诵文要全读的，特别是在接纳新会友时须全读。接纳新会友必须全体会友一致赞成，即便大多数票支持也会被否定。学会主席的选举是没有争论余地的，他们按照程序进入学会，会议中前任主席首先讲话，新任主席则是宴会的主持人。他们屡屡向大家解释哲学方面的规条（这是诵文的第二部分），并按照古代苏格拉底派的意见从之推出自然哲学的最深奥的原理。不错，正如从旁注的一些命题看到的，按照现代苏格拉底派亦即泛神论者的意见，任何人都不应忽略他们对崇高事物的其他解释而只在细枝末节上考虑。在指定的时间，他们反复思索自然法，这是真正而永不骗人的理性（如在诵文最后部分所显示的那样），在这种理性的光照下，他们驱走了一切黑暗，祛除了斤斤计较，抛弃了一切假冒的启示（有理性的人为什么怀疑真正的启示呢?），推翻了伪造的奇迹、悖理的秘密、含糊的神谕，揭穿了一切欺诈、诡计、谬误、骗局和老婆婆们的故事，这些

东西给宗教罩上了一层浓雾，使真理被暗无天日的蒙昧所掩盖。不过现在我们还是来介绍诵文吧。

著名苏格拉底协会的诵文

第一部分 道德与社会公理

主席：

祝我们的会议进行得愉快。

其余的人：

我们组织了一个苏格拉底协会。

主席：

祝哲学繁荣。

其余的人：

祝高雅艺术繁荣。

主席：

请肃静。

让我们把这个大会和这里所思、所言、所行的一切都献给真理、自由、健康，这是贤哲的三大愿望。

其余的人：

现在和将来永远献给真理、自由、健康。

主席：

让我们互称同人和兄弟。

其余的人：

我们也是同伴和朋友。

主席：

让我们消除争吵、嫉妒和固执。

其余的人：

让我们保护愉快、知识和礼貌。

主席：

让诙谐与欢乐使我们快活。

其余的人：

缪斯和格丽丝会使我们吉祥如意。

主席：

我们决不盲从任何人的意见。

其余的人：

是的，即使对苏格拉底本人的意见也不盲从，我们憎恶一切僧侣的权术。

主席：

虽然如此，我们还是要借助真正作家们的支持和人们最大的努力去把一切事物弄得更确实可靠（不过同时并不妨碍自由的权利），亲爱的同伴们，我们还是要侧耳倾听罗马元老西塞罗在《论老年》一书第十三章中所述最严峻的监察官加图[①]的话。

① 加图（Marcus Porcius Cato）公元前234—前149年。罗马政治家，军事家和散文家。西塞罗《论老年》是对话体著作，加图为书中对话人之一。

其余的人：

因此，我们是真理和自由的崇拜者，从而才可能使自己摆脱专制和迷信。

主席：

加图说："我一向极其尊重交友结社，因此在任监察官时我在伊迪安女神节组织过交谊会。我与会友们宴饮，但是极有节制，虽然在那个年龄还有一点激情，不过已渐渐冷静下来，日常一切都变得更温和更稳健了。我之赞赏宴饮，不是因为它给肉体带来的快感，而是因为友谊的聚会和交谈。我们的祖先把朋友宴会叫做应酬（entertainment），是有道理的，因为它表示社会生活的紧密联系。希腊人称之为聚饮和聚餐，不是一个很好的用语，因为它们似乎过分强调了最不应看重的一面。"

其余的人：

我们应该赞美苏格拉底和柏拉图，赞美加图和西塞罗。

主席：

我们要认真讨论一切事物，并且用有趣的故事来填补谈话的间隙。

其余的人：

要讲得幽默，朴实，滑稽可笑。

主席：

我们要勤奋地探求事物的原因，这样，我们才能愉快地生活，安宁地死去。

其余的人：

没有任何恐惧，不因快乐而洋洋自得，也不因悲伤而意气消沉，这样我们才能永远坚韧不拔，不可动摇。

主席：

我们也可以嘲笑愚氓的无端的惊恐和狡诈无赖们的虚构，让我们唱一曲九歌(Ennian strain)吧。

主席和其余的人：

“我把占卜官马尔苏斯看得一文不值，还有那些江湖郎中，算命先生，预言者，圆梦者，他们是一帮无知的蠢材，迷妄的先知，无耻的巫师，懒惰、狂热、可怜的流氓。他们自己并不相信的东西，倒要别人真正相信；他们向被许诺会发财的人们乞求一个小钱，那么就让他们从这些钱财中扣除这个小钱，把剩余的归还人家吧。”

主席：

我们仍要倾听那位贤哲加图的教诲，西塞罗在《论老年》第十四章中就是按照他的榜样教导人们的。

其余的人：

他教导人们要成为健康、高兴、快乐的人。

主席：

加图说：“我非常喜欢我们的先辈制定的宴会有长的做法；非常喜欢按照古俗由宴会主管致辞；非常喜欢色诺芬所描写的那种筵席上斟酒的小杯；非常喜欢夏日清凉的林荫路和冬日阳光、炉火的温暖。我在退隐萨必内[①]的时候也曾寻求过这些生活的乐趣，经常到邻人的筵席上去做客，海阔天空无所不谈，每至深

① Sabine，意大利的一个古老的部落。

夜。”

其余的人：

让我们来赞颂色诺芬吧；

让我们把萨必内的田园生活作为仿效的榜样吧。

主席：

我们要大力培养自己的心灵，而不要去填满口腹之欲。

其余的人：

这才是正确的，贤明的。

主席：

让我们为格丽丝女神干杯！

其余的人：

来呀，这是清醒的干杯，我们将把酒饮下而不醉。

第二部分　上帝和社会哲学

主席：

不要让那些粗俗的民众靠近我们。

其余的人：

边域已经扫清，诸门已经关闭。

主席：

世界上万物是一，

一是万物中的一切。

其余的人：

万物中的一切者即是上帝，

永恒无限，

不生不灭。

主席：

我们在上帝中生活，运动和存在。

其余的人：

万物皆由上帝而来，

且将与上帝重新合而为一，

上帝是万物的开端和终极。

主席：

让我们唱一支宇宙本性的赞美歌吧。

主席和其余的人：

“无论如何，宇宙给万物以生机，形式和营养，它繁殖和创造万物，又埋葬万物，把万物收回自身。

宇宙是万物之父，

万物由之而获得存在，

并重新化解于宇宙之中”。

（有些时候还加诵下面的赞词）

“凡受生灭规律支配的万物都是变化的，

在岁月流转中江山不可复识，

各个民族改变了面貌；

但是世界却安然无恙，保存了它的一切，

它既不随时间而增长，也不为岁月所毁损。

它的运动不是转瞬即逝的，

它运行不息，

过去将来永远如斯。

无论我们的祖先

还是我们的后代，

都看不到它有任何变易：

那永恒不变者就是上帝”。

主席：

“哲学啊，你是生活的指南！你是美德的探求者！你是恶行的驱除剂！没有你，我们会变成什么样子？人类的生活会变成什么样子？你建立了城市，把离散的人类聚集成共同生活的社会。你首先让人们同居共处，然后让人们发生婚媾，最后让人们有语言文字的交流，从而使人们互相结合起来。你是立法者，是礼仪风纪的教导者。我们依靠你，恳求你的帮助，我们完全专心致力于对你的研究。按照你的教导好好地过上一天也胜于背离真理而获得的永生。有什么财富比你的财富对我们更为有用？是你应许给我们一个完全的生命的宁静，把我们从死的恐惧中解脱出来”。

其余的人：

理性是真正的第一法律，

是生命的灿烂光华。

主席：

“不要以为（如你们在寓言中常看到的），那些犯有恶行的人是被狂热的烈火所惊吓和激动的。各人的自我欺骗，自我恐惧，对他妨害最甚；各人自身的邪恶促使他疯狂；他自己的坏思想和不良心术使他充满了可怕的不安。这些就是恶人居常恒有的狂热”。

其余的人：

要过幸福的生活，仅有美德就足够了，

而幸福的生活是对美德的充分的酬赏。

主席：

诚实是唯一的善。

其余的人：

只有可赞美的东西才是有用的。

主席：

现在，亲爱的会友们，我们就要清楚地诵读哲学的圣典了，我们必须郑重地估量它，必须根据自己的判断来检验它。

其余的人：

对事物本性的沉思是令人愉快的，也是一门最有益的科学。因此我们要郑重地进行估量和判断。

主席：

“古代哲学家为了讨论自然是什么，把自然分成两个东西：一为作用者，一为被作用者。他们认为作用者有一种固有的力，被作用者则有某种物质，虽然力和物质是二者都固有的。因为物质如不为某种力所勒制就不可能自行凝聚，而力也不可能离开某种物质，正如万物都不能不处于某个地方一样。力和物质结合的结果，被他们称为物体，而且具有一定的性质。

这些性质中有些是原本的，有些是从这些原本性质派生出来的。原本性质是一类的和单纯的，派生性质则是各式各样的。因此，气、火、水、土是原本的，从它们产生出各种形式的动物以及从土中长出的一切东西，因此它们被称为始基和元素。其中气和火具有推动和作用于其他部分的力，水和土则具有接受和被动的力。

但是他们认为有某种不具任何形式、缺乏万物所有的一切性质的物质。万物都从这种物质而来，并通过这种物质而被作用。这种物质能接受一切，能给万物以一切种类的变化，它经历同样的分解而并不毁灭，只是使事物分解为各个部分而再现出来，事物的各个部分都可以无限地分割和划分，因为在自然中最微小的东西也是可分的。

凡是被推动的东西都在空间中运动，空间也是可以无限分割的。我们称为性质的那种力上下前后被推动、被激动，从而共同作用于被称为质(Qualia)的东西。世界在密集连续的自然及其一切部分中都是由这种东西构成的，在它之外没有任何物质的部分，也没有任何物体存在。

世界上一切事物都是世界的部分，都包含在一个赋有完满理性和永恒的理智的自然中；因为没有一种比它更强有力的东西能把它毁灭。他们把这种力称为世界灵魂，也称为心灵、完善的智慧，因而也称为上帝。

他们似乎认为这个理性对于受它支配的一切事物都有某种精明的知识，因而认为它首先和主要是照管天上的事物，然后才照管地上属于人类的事物。这种统辖有时被称为必然性，因为它是永恒秩序的注定不变的持续性，任何东西都不可能违反它的规定而发生。有时它又被叫做命运，因为由于原因暗昧难解和我们的无知，许多事物是出乎我们意料地造成的”。

其余的人：

关于作用者及其作用结果的性质以后对我们都没有怀疑的余地了。

主席：

我们必须对渗透极大与极小之物的灵魂的神圣来源表示赞美。

主席和其余的人：

有人根据上述这些情形认为，蜜蜂也赋有一种神圣的能力和部分神圣的心灵；

因为弥漫整个物质的上帝
遍在于大地、海洋和太空深处。
因此，人和牲畜，牧人和野兽
在出生时全都承受了有灵气的生命，
当其解体时则又返回上帝这里。
没有死亡，一切都是不朽的，
一切都投向苍穹，驻留在自己专有的星座上。

主席：

现在让我们怀着敬意提到古代那些曾经给人以崇高的教诲或行为高尚的男人和女人们。

其余的人：

他们会以自己的学识和榜样给我们以教益。

主席：

对下面这些古人，我们表示神圣的纪念：

所罗门

泰勒士

阿那克西曼德

克塞诺芬尼

麦里梭

奥西路斯

德谟克利特

巴门尼德

第凯阿尔库斯

孔子

克莱奥杜利那

太安诺

潘斐拉

切雷里亚

希巴梯亚

其余的人：

愿这种纪念有益于我们。

我们在诵文的第一部分已经赞美了苏格拉底、柏拉图、色诺芬、加图和西塞罗。

主席：

让我们赞美所有其他的哲学上的同道，缅怀那些为真理而献身的男女崇拜者。

其余的人：

让值得赞美者都得到赞美和尊敬。

主席：

让我们为缪斯女神干杯！

其余的人：

来啊，我们要饮而有度。

第三部分　社会自由和既不欺人亦不被欺的法

主席：

我们一定总是希望，

一个健全的身体应有一颗健全的心灵。

我们不能为一点渺小的理由而放弃生命，

但也决不恐惧死亡。

其余的人：

没有比这更值得祈求的了。

要达到这一点，我们必须尽最大的努力。

主席：

因此让我们快活地、和谐地唱吧。

主席和其余的人：

具有自觉的美德的人是勇敢的，

他敢于坚持其秘密的意愿，

即使听见群众喧嚣的叫嚷也不动摇，

即使在暴君的怒颜面前也敢反抗。

让那称霸海洋的飓风

掀起狂暴的恐怖的暴风雨吧；

让丘比特神的可怕的臂膀用霹雳把天宇撕裂吧，

在那被击得粉碎的世界下面他无所畏惧地出现了。

主席：

在贤哲中间，欢乐比获利更受尊重。

其余的人：

欢乐是自由人的特征，

悲哀是奴隶的特征。

主席：

宁可不统治任何人，也不做任何人的奴隶。

其余的人：

一个人可以没有奴仆而过着可尊敬的生活；

但是有主人支配的生活绝算不上生活。

主席：

但是必须服从法律，

因为没有法律就没有财产，

没有安全。

其余的人：

因此我们是法律的仆人，

有了法律我们才有自由。

主席：

自由与特权有巨大的区别，

其余的人：

正如自由和奴役有巨大的区别一样。

主席：

因此，高尚的同人啊，你们要倾听，要自己考虑并在行动上表现出使人活得舒服、死得愉快而且凡事做得适当的那种规则。

现在我就用以前西塞罗说的一些话向你们讲述一种不被欺骗的规则和绝不欺人的法律。

其余的人：

我们诚心侧耳倾听。

主席：

“正确的理性是唯一真正的法，这是一种符合自然、扩及一切、自相一致而且万世不易的法。这是一种通过命令使人尽其义务又通过禁止使人不致行骗的法。这种法可使诚实的人令行禁止，确非枉设，反之，对于狡猾不逞之徒，则虽有令禁也不足以移其心志。

使这种法无效，从这种法中减去任何东西，或根本取消这种法，都是非法的。无论元老院还是民众都不能使我们免除这种法的约束。

除了这种法本身，我们无须寻找这种法的任何别的解释者。罗马之法无异于雅典之法，今日之法无异于将来之法。法是同一个，永恒而不朽，亘诸古今而不变，放之四海而皆准。

万物可说有一个共同的主宰和统治者，即上帝，它是这种法的发明者，裁判者和赐予者。不服从这种法的人乃是他自己的敌人，他蔑视人的本性，因此将受到最大的惩罚，虽然可以免受其他一切想象得出的惩罚”。

其余的人：

我们乐于受这种法的教育和治理。

而不愿受制于人们的谎言和迷信的虚构。

主席：

人定的法既不清楚也不普遍，

既非永恒如一也非经常有效。

其余的人：

因此，这些法，除了对其解释者之外，很少于人有用，或对任何人都全然无用。

主席：

还请诸位注意。

西塞罗说（他的话无疑是对的）：“迷信散播在各个民族，攫住了几乎所有人的心灵，占据了人的一切弱点。这一点从我的《论神的本性》可以明白看到，在这里关于占卜的讨论中我又尽力做了阐述。因为我自以为，如果我能找到一种方法把迷信彻底根除，那么对于我自己和我的国家都是很有益的。但是人们不要误解，由于消灭迷信，宗教也要消灭。因为贤明的人的职责就在于维持列祖列宗的典章制度，保存其典礼仪式。我的意思是说，世界的美和天体的秩序使我们不能不承认，存在着一个最高而永恒的本质，它应成为全人类思考和赞美的对象。因此，正如我们必须传播与自然知识密切联系的宗教一样，我们也必须铲掉和排除迷信的一切根源。”

其余的人：

迷信的人无论睡或醒，
都得不到安宁，
他活得不快乐，
死得不放心，
无论活着还是死去，
他都是愚蠢僧侣的牺牲品。

主席：

无论何时，自然分配给每个人以维持生活的东西。

其余的人：

他都应该感到满足。

主席：

对不可避免的东西怀有恐惧的人

决不可能有一颗平静的心灵。

其余的人：

但是那在必要时准备捍卫幸福生活的人却是不怕死的。

主席：

生带给我们以一切的开端，死则带给我们以一切的终结。

其余的人：

在我们出生之前这一切都不属于我们，

在我们死去以后这一切也不属于我们。

主席：

因为自己不会在千年之后还活着而哭泣的人是一个大傻瓜。

其余的人：

正如因为自己未曾活到一千年而哭泣的人是个大傻瓜一样。

主席：

葬礼和祭典只应看做传说和习俗的产物。

其余的人：

因此它们必为我们所轻蔑，不过我们也不要置之不顾。

主席：

让我们为健康干杯。

其余的人：

来干杯。

主席：

鄙人为我们的学会干一杯。

其余的人：

把酒杯斟满传给大家分享。

主席：

现在请新任主席宣布有关其他一切细节的安排。

其余的人：

我们赞成。

之后，他们有节制地宴饮娱乐，互教互学，这是这个学会的特征和主要的活动范围。

在诵文最后部分中插进的贺拉斯的那两节诗，并不总是被吟唱。贺拉斯《颂歌》的其他诗章，如协会主席认为适宜，在不同的时间和情况下也被完全地吟唱。下面就是那些增人智慧，促人和气，使人生活改善、快乐和纯洁无瑕的几节诗章[①]。

你看苏格拉底站在雪白的花环中是何等纯洁，光明磊落。（《颂歌》第一卷第九节）

诗人向高踞宝座之上的阿波罗乞求什么呢？（第一卷第三十一节）

---

① 以下诗句都是贺拉斯诗作各节中的首句，此处参照《贺拉斯全集》英译本，伦敦1911年版的译文译出。

银钱在深藏于贪婪的矿中时是没有光泽的。(第二卷第二节)

我的朋友,在困难的时刻,要振奋起来,坚定不移。(第二卷第三节)

假如你生命的航程并不直接驶向海洋,或者在可怕的暴风雨来临时不过于靠近海岸航行,那么你会行驶得更为安全。(第二卷第十节)

啊!波斯图穆斯,波斯图穆斯,岁月飞一般地逝去。(第二卷第十四节)

当我们筑起了如此富丽堂皇的高屋广厦时,田中陇亩很快就所余无几了。(第二卷第十五节)

在广漠无涯的爱琴海上如果遇到风浪的袭击,水手要向神灵们祈求平安。(第二卷第十六节)

我的宫殿的墙壁和天花板没有象牙的雕饰,也没有镶金的花纹。(第二卷第十八节)

我憎恶并驱逐愚昧的民众!(第三卷第一节)

让年轻的罗马人在战斗的逼迫下去学习如何善于忍受艰难困苦。(第三卷第二节)

朴实的费戴勒,如果你在新月初现之日双手掌心向上对天发誓。(第三卷第二十三节)

你的财产虽然超过阿拉伯珍藏的黄金和印度的全部财富。(第三卷第二十四节)

冰雪已经消融,原野春草重生,万树枝叶葱茏。(第四卷第七节)

春之友,那从色雷斯吹来的微风,给海洋带来安歇,却使航船

自由地扬帆远行。（第四卷第十二节）

远离市井，过着古老田园生活的人是幸福的。（《长短句》第二节）

猛烈的风暴遮暗了天日，严冬的冰雪淹没了一切。（第十三节）

论泛神论者应当遵循的两重哲学

并附关于至善至美的完人的观念的一篇短论

一

在前面我们已经明白而确切地讨论了希腊人和罗马人中间的那些私人团体或学术宴会的性质、规则和名称；同时，我们也不避讳现代苏格拉底协会的状况或起源，这是我们议论的主题。我们现在第一次阐明了这个协会极其特殊的体制，任何人由此都可以明白看到，这些会友的生活方式不是愁苦不快的，而是风雅而有教养的，不但如此，甚至是没有任何瑕疵，没有任何应当指责的地方。而且，这种令人快慰的宴会的规则是审慎而正当的，我们应当学习；这种宴会远无特权作风，它那吸引人的自由的魅力我们应当透彻地体味，既然没有任何别的东西像自由这样为这个协会所珍视，我们就更应如此。在这个协会看来，不仅对谦虚、自制、公正及一切美德本身的培养，而且通过言行榜样去激励他人实践这些美德，都不如自由更加珍贵。但是，他们对所有这些人类的东西都是从人的角度来讨论的。在这个协会里，你会有不带恶意的读者，会有不在清晨受到恐吓的自由，而且不会有任何禁戒限制你的言论。

你会感到，他们的宗教是单纯的，明白的，平易的，没有污点的，自由接受的，未经粉饰的，不是错综复杂、麻烦而不可理解的，或贪钱图利的；他们的宗教并不用愚蠢的寓言诱惑人心，也没有丑言秽语、残忍无情或迷信愚弄毒害人心；它不屈从任何家族或别的私利去反对公共利益，它不用羞辱和咒骂去使人诚实和顺，更不会使任何人烦恼或折磨他来使他成为诚实和顺的人。不过这里没有机会对改进心灵的问题做较长的论述。泛神论者可当之无愧地被称为解释自然奥秘的圣师；因为正如先前那些具有高超天才的德鲁伊[①]坚持其兄弟盟会的严密性一样（如毕达哥拉斯的权威所指示的），泛神论者们也精通关于最玄妙难解的事物的知识，而且他们的心灵由于思索最崇高的秘密而提高了。苏格拉底协会的同道们努力反复思索的也就是德鲁伊和毕达哥拉斯派所从事研究因而著名的那些问题，二者都组织了团体。不过，泛神论者并不赞许他们的一切言行，因为他们在哪里离开真理，我们也就在哪里离开他们。我们自愿地赞美我们所检验证实了的东西，而且感谢那些曾使我们以任何方式受惠于他们的劳动的人。

二

泛神论者采取两种学说，也许会被指责为一个错误。一种学说是外部的或通俗的，在某种程度上是与民众的成见或被公认为真理的学说相吻合的；另一种学说是内部的或哲学的，是与事物的

① Druid，古代凯尔特人中的祭司巫师。

本性因而与真理本身完全符合的。此外，这种秘密的哲学只有在密室深处对极端诚实谨慎的人们才能用完全坦白无隐的语言来讲的。除非对人类本性和历史同样浅薄无知的人，有谁会怀疑泛神论者这样做是明智的呢？我所说的这些，其理由是明显的。因为任何宗教，任何派别，都不能允许有矛盾，更不能容忍自己的学说被指责有错误，他们的仪式被指责为无聊或愚行。一切事物都是从天上降于他们的（要是老天高兴的话），尽管他们渴求的是尘世的欲望。所有这些都是神圣的（如果你乐于相信它们的话），而且对于调节生活是必需的，尽管它们显然是人们臆造的而且往往是空虚的、多余而且荒唐的虚构，不但如此，正如日常经验证明的那样，其大部分甚至是有害于公众的共同安定的。在纷纭莫衷一是的许多意见中，如果说不可能没有一个意见是对的，那么至少不可能有一个以上的意见是对的。这是很久以前西塞罗在讨论神的本性的著作中提出的一个深刻的见解。因此，泛神论者这些极端温和的人们对待狂热、愚蠢、冥顽不化的人，正如慈爱的保姆之于呀呀学语的宠儿一样，这些宠儿被她们弄得昏头昏脑，高高兴兴把自己想象为国王和王后，以为自己是爸爸妈妈唯一的宝贝，再没有像他们这样漂亮可爱的了。在这些琐事上不讨好孩子的人是孩子所讨厌和憎恶的。对虽属成人的愚氓之见不能完全附和的人是遭人痛恨和虐待的；愚氓的积怨如此之深，以致不屑与他们为伍，把他们逼得无栖身之所，乐得让他们活着时缺水断炊，死后永受折磨。迷信在活力上总是一样的，但有时其暴行有所不同。任何贤者要把迷信从一切人的心中加以根除的企图都是不错的，虽然彻底根除无论如何是不能达到的。然而他将努力去做他所能做的一切，

即把迷信这个最坏最邪恶怪物的牙齿拔掉，爪子削去，这样他就不会再受迷信到处肆意为害之苦了。由于掌权者和政治家们为这种崇高的精神倾向所激励，我们才有今天随处可见的宗教自由，这种自由对于学术、贸易和社会和谐的巨大进步是助益非小的。反之，一切竞争、仇恨、叛变、罚金、掠夺、污辱、监禁、放逐和杀戮，都是由迷信上帝权力或自称崇拜上帝权力者造成的，我这里是指那些鬼鬼祟祟的宗教狂热家或一本正经假仁假义的信徒们。因此，必然发生下面这种情况：心中所想和在秘密聚会上所说的东西是一回事，在外面、在公开会议上所说的东西则是另一回事。这条准则常常是受人欢迎的，而且不独为古代人所实践，因为说实在的，它在现代人中间尤其有用，尽管他们宣称这种做法在现代是更不可容许的。

三

上面说明了古代人的两重哲学，我们就不难理解，在目前流行的许多不同派别及其相互混战（但愿不是残杀）中，只有泛神论者过一种和平的生活，他们不会因为爱一些人或恨一些人而放弃这种生活，他们关注国家的安全和人类的共同利益，是一切争执和朋党的不共戴天的仇敌。如果误入歧途的人乐意走上正道，泛神论者会亲切地给他们指明途径；如果他们坚持错误，泛神论者也还会友好和诚心地在生活上与之交往。泛神论者懂得下面这个道理并且把它作为一个原则，即任何人都不应因为持有一些平常而无害的意见就遭到轻蔑或嘲笑，无论他属于什么民族或宗教，我们都要为了他的心灵的美德和长处而同他相结交,除非他品行不良、道德败坏,我们是决不可避免同他往来的。因此,泛神论者决不会仅仅为了某种意见而惩罚或污辱任何人;因为于人无害的言行是不会鼓动别人干出声名狼藉的坏事来玷污自己的。作假行骗的教士或愚蠢无知的弱女子也许会冒犯了官长,但是官长们不可能要他们对任何罪行负责,不可能以任何事情来责备他们,除非他们无法消释官长对他们的厌恶,或者因为他们倒生活得比官长们自己更符合理性的命令,更正直诚实。但是,任何担任公职或负责公共利益的人,都不会理睬这些神经错乱、痴迷狂热的人们,除非他自己也是一个被迷信蒙蔽了的人,或者是野心和不义之财的奴隶,因而把功德应有的尊严都置之不顾了。至于其他,苏格拉底协会会友们是不看重别人的毁誉的,他们竭力按照自己的意志而不是按照别人的心意生活,对自己的命运感到满足。他们用道德格言来修身正心,用知识来丰富自己的精神,以便能更好更容易地为自己、为朋友和所有的人效劳,并能更有信心更切近地趋向(虽然他们永远不会达到)那种完善的境界,这种完善性是每个善良而有学识的人所必然心向往之、希望自己达到或给予别人的。我们的协会从西塞罗学得很多优美的东西,他在《论法律》一书的第五卷末尾给我们提供了一个关于至善至美之人的确切的观念。那么就让有学识的人们阅读这些规则并按这些规则陶冶自己吧。

四

西塞罗说:“认识自己的人首先会感到在自己身上有某种神圣

的东西，认为自己的内在本质是上帝的一种神圣的影像；因此他会永远以值得得到神的大恩惠的方式行动和思考。

当他已彻底了解并完全探明自己时，他会理解自己是怎样被自然武装起来投入生活的，他具有如何多样的手段去获得智慧。因为从最初起他的心灵就对各种事物形成了可以说是尚不清晰的概念，当这些概念在智慧的指导下得到阐明时，他会感到自己将是一个好人，从而是幸福的。因为当他的心灵为美德的知识和实践所陶冶时，他就不复耽溺于肉体之乐，而是把这种快乐看作美的一个污点，给以限制。他的心灵对死亡和痛苦已无所畏惧，已进入了爱与它自身的结合，把自然以仁爱互惠联系起来的一切看作自己的东西，怀有对上帝的真正崇拜和宗教的纯洁性，并使目光和智慧都锐利得足以择善去恶(这种品德由于具有预见被称为智虑明达)。还有什么可以说比这更幸福的呢？

当他考察了天空、大地、海洋、万物的性质，懂得了万物从何处而来，又复归于何处，万物何时和如何消解，其中什么是生灭易逝的，什么是神圣永恒的，当他已几乎把握了统治和支配万物的那个存在，当他已发现自己不是被封闭在一道围墙之内，不是任何有限疆域之内的居民，而是整个世界这唯一的城邦的公民，那么，置身于事物的这种宏伟景象中，对自然、不朽的神灵们具有这样的观察和认识，按照德尔斐的阿波罗的神谕[①]，他将会多么充分地认识自己啊！他对民众奉为至宝的东西会如何地藐视、轻蔑、视若无物啊！他要以坚实的论证、辨别真伪的知识和懂得每个论断有何正

① 德尔斐是古希腊阿波罗神殿，书有“认识你自己！”的一句箴言。

反结果的技术作为一种堡垒来巩固这一切。

当他明白自己是为公民社会而诞生的，他就会认为自己不仅必须使用通常巧妙的争论方法，而且要使用连连不绝的更雄辩的方式，考虑如何治理人民，制定法律，惩罚恶人，保护良善，赞扬优秀人物，向公民宣讲促进其福祉和荣誉的训言，以赢得他们的嘉纳；并考虑如何激励他们进行光荣正当的活动而不为非作歹，安慰被损害的人，把英勇智慧的人们的事业和谋略，也把恶人们的丑行，都传之久远，永志不忘。

那些愿意认识自己的人所能感知的人的力量是如此之多，如此之伟大，它们的来源和培植者乃是智慧。”[①]

五

但是，有谁不愿意成为更聪明更好的人呢？有谁不能成为更聪明更好的人呢？任何一门学科除了旨在使人变得更聪明更好之外，还有什么目的呢？如果它在这些方面是有欠缺的，那么在我看来，这门学科大部分是无用的，虽然为了装璜门面、附庸风雅，人们还不能完全抛弃它。因此首先，泛神论者虽然成为有智慧者，或至少近乎有智慧者，就其私心而言，却并不违忤公认的神学，这种公认的神学在哲学问题上是背离真理的；但是有适当的机会，他也不完全保持沉默；然而，除了为保卫祖国和朋友，他是决不冒生命危

① 上面引的这一大段话见西塞罗《论法律》第一卷第 22—24 章。译文参照 Loeb 古典丛书本西塞罗《论共和国·论法律》中的英译文译出。

险的。至于最神圣的弥赛亚的教条，人们一直总是宣誓信仰而未附加任何不纯的因素，未做任何曲解，但是我们在这里不谈它们，因为这里不是适宜的地方。其次，凡是泛神论者能够确实可靠地加以揭示的真理，诸如政治学、天文学、力学、经济学等等，他都不仅不会有所顾忌而不肯示人，而且甚至自愿地传授于人，虽然不无应有的谨慎，因为民众对大部分事物都是根据舆论来衡量，而极少根据真理来衡量的。最后，泛神论者对关于上帝或灵魂本性的那些更神圣的教条将给以确切的评价，并在自己心中默然加以沉思；而且除了自己的会友，或其他聪敏、正直、有学问的人之外，泛神论者是不会让邪恶的人或无知的人或任何别的人分享秘学的。我知道，这种沉默和心灵的审慎不是所有的人都觉得适意的，但是无论如何，泛神论者在能够有充分的自由按其意愿进行思维并按其思想去说话之前，是不会更坦白无隐的。

六

一个好奇多于思虑的读者也许会问：是否真有这样一个协会？在这个协会里是否诵读这种诵文？或者毋宁说，正如有些人曾假设作为理想的最佳国王和治理得最好的国家一样，关于泛神论者所构想的这一切是否也是对最令人愉快的学术团体的一种想象呢？也许是这样吧，亲爱的先生，但是请问，假若果真如此，那又怎样呢？你可以设想这些事情不是真的，但尽管如此，你必须承认它们是可能的。正如最无可疑的事情一样，它们是融贯一致的。或者，如果你愿意有一个真理和谬误的混合，你可以认为，那些读过苏格拉底协会诵文的人从中得到的教益不会比从贺拉斯的迭句中所得者少，因为它也令人尚美德而禁恶行。

> 要抑制狂热，热爱真诚刚直，
> 严格遵守公正不偏的法律，
> 要冷静、安全与和平，
> 祈求诸神倒转盲目的命运之轮，
> 使低贱者升高，而把高傲者压倒。
>
> （罗斯康芒勋爵）

一个诗人或画家可以想象一个极其温婉美丽的情妇，虽然他实际上并没有这样一个情妇，然而我们不能认为，他缺乏爱情或不爱美人。一言以明之，在若干地方，无疑是有不少这样的泛神论者的，他们按照别人的习俗，建立了自己的秘密集会和协会，他们在协会中相聚宴饮，他们进行哲学讨论的地方则是这个宴饮中最美味的调味品。那种诵文或诵文的任何部分是否经常和到处在他们中间诵读，我不能断定。至于你，读者，不论你是何人，都可利用这个诵文，我衷心希望它对你会有所助益。

图书在版编目(CIP)数据

泛神论要义:或一个著名协会的诵文/(英)约翰·托兰德著;陈启伟译.—北京:商务印书馆,2017
(汉译世界学术名著丛书:120年纪念版:珍藏本)
ISBN 978-7-100-14645-6

Ⅰ.①泛… Ⅱ.①约… ②陈… Ⅲ.①泛神论—研究 Ⅳ.①B561.25

中国版本图书馆CIP数据核字(2017)第152211号

汉译世界学术名著丛书
(120年纪念版·珍藏本)
泛神论要义
或一个著名协会的诵文
〔英〕约翰·托兰德 著
陈启伟 译

商 务 印 书 馆 出 版
(北京王府井大街36号 邮政编码100710)
商 务 印 书 馆 发 行
北 京 冠 中 印 刷 厂 印 刷
ISBN 978-7-100-14645-6

2017年12月第1版 开本710×1000 1/16
2017年12月北京第1次印刷 印张5
定价:25.00元